# 현판기행

고개를 들면 역사가 보인다

# 현판기행

고개를 들면 역사가 보인다

글·사진 김봉규

담앤북스

고개를 들면
역사가
보인다

# 책을 펴내며

중국 삼국 시대의 대표적 서예가로 위탄韋誕(179~253)이라는 사람이 있다. 위나라의 태수를 지낸 그는 뛰어난 글 솜씨로 광록대부光祿大夫에까지 올랐다. 위탄은 소전과 예서, 장초, 비백 등(모두 한자 10체十體 중 하나)에 뛰어난 서예가였는데, 특히 큰 글씨의 제서題書(서적의 머리나 비석 등에 쓴 글) · 서서署書(진나라 8서체 중 하나), 즉 현판 글씨에 가장 뛰어났다.

그래서 삼국 시대 때 위나라 통치 계급의 보물에 쓴 명문銘文이나 관청의 현판 글씨는 거의 그의 손을 거쳤다. 그 이전에도 제서를 쓴 서예가들이 없지 않았으나 위탄만큼 멋지게 쓴 사람은 없었다. 하지만 안타깝게도 지금까지 남아 전해지는 작품은 없다.

그의 글씨는 '샘물이 솟는 듯하고, 옥을 깎아 놓은 것 같다. 진적眞跡(손수 쓴 글씨)에 모든 뜻을 남겼으며 신의 경지를 깨달은 것 같다.'는 평을 들었다.

큰 글씨의 제서는 평지에 놓고 보아도 좋아야 함은 물론, 높은 데 걸어 놓고 보아도 눈에 잘 들어오고 멋지게 보여야 하므로 고도의 예술 감각과 솜씨를 요구한다.

위탄이 제서를 쓴 일과 관련해 유명한 일화가 전한다. 위나라 명제가 높은 누각을 짓고 이름은 '능운대凌雲臺'라고 정한 뒤, 글씨를 쓰지 않은 현판을 걸어 놓았다. 그리고는 위탄에게 커다란 바구니에 들어가게 한 뒤 도르래를 이용해 지상에서 25자(약 7.5미터)나 되는 허공에 매달아 놓고 거기서 글씨를 쓰게 했다.

위탄은 그동안 겪어보지 못한 큰 공포를 느끼며 혼신의 힘을 다해 글씨를 써야 했다. 그런데 위탄이 글씨를 쓰는 순간을 지켜본 사람들은 놀라운 광경을 보게 된다. 그의 머리카락이 삽시간에 하얗게 변해버리는 것이었다.

위탄이 얼마나 엄청난 기력을 쏟았는지를 말해 주는 일이라 하겠다. 위탄은 이 일이 있은 후 다시는 현판 글씨를 쓰지 않았다 한다. 그리고 후에 후손이 지켜야 할 가문의 법도를 적은 항목을 남기면서, 자손들은 절대 현판 글씨를 배우지 못하도록 한 항목을 넣었다 한다.

훌륭한 현판 글씨는 이처럼 대단한 공력과 실력이 요구되므로 아무나 쓸 수 없었다. 그런 만큼 서예 작품 중에서도 현판 글씨는 특별하고도 소중하다 하겠다.

남아 있는 옛 현판을 통해 이처럼 특별하고 멋진 서예 작품을 만날 수 있는 것은 큰 복이 아닐 수 없다. 옛 현판은 이런 글씨 자체가 가진 가치뿐만이 아니라, 그 문구가 담고 있는 의미가 주는 가르침, 그 현판에 담긴 일화, 글씨를 쓴 서예가의 예술혼 등 유·무형의 값진 유산을 담고 있다.

그럼에도 불구하고 현판은 그동안 다른 예술 작품에 비해 홀대를 받으면서 방치되어 왔다. 따라서 그 가치가 빛을 발하지 못하고 있는 것이 현실이다. 지금도 곳곳의 소중한 옛 현판들이 훼손되거나 멸실되고 있는 사례가 적지 않다. 안타까운 일이다.

이런 옛 현판을 찾아 현판에 담긴 이야기와 글씨를 쓴 서예가 이야기, 현판이 달린 건물 이야기 등을 취재해 정리했다.

전국의 고택과 정자, 서원, 누각, 고찰 등의 다양한 현판을 다루고, 중국의 현판도 간단히 다뤘다. 마지막에는 한자 서예 글씨체의 종류와 역사에 대해 약술했다. 이 책이 소중한 가치를 지닌 현판 문화재에 대해 인식을 새로 하는 기회가 될 수 있기를 기대한다.

2014년 봄 '수류화개실'에서

김봉규

# 정자와 누각에 걸린 현판 / 높은 곳에 올라 세상을 보다

# 서원과 강당에 걸린 현판 / 선비의 정신을 담다

# 사찰에 걸린 현판 / 절집에서 듣는 이야기

# 더 알아보는 현판 이야기

# 현판기행을 시작하며

우리의 옛 건물에는 건물의 이름이나 그 성격, 위상 등을 담은 현판懸板이 걸려 있다. 궁궐은 물론 서원이나 누각, 사찰 건물에는 거의 예외 없이 다양한 현판을 걸어 놓고 있다. 사대부 집안의 고택도 마찬가지다.

건물의 얼굴이라고 할 수 있는 현판의 글씨는 역대 왕을 비롯해 당대의 대표적 지식인이나 명필 등이 심혈을 기울여 쓴 작품이다. 따라서 현판은 그 시대의 정신과 가치관은 물론, 예술의 정수가 담겨 있는 문화 예술의 보고라 할 수 있다. 그 중에는 아름답고 감동적인 사연이 스며 있는 경우도 적지 않다.

그럼에도 불구하고 다른 문화재와는 달리 제대로 평가를 받지도 못하고 있다. 한문을 잘 모르거나 서예에 대한 식견이 부족한 사람이 많아 관심을 끌지 못하는 것이다. 소중한 문화유산인 옛 현판들이 이처럼 제 빛을 발하지 못하고 있는 것은 안타까운 일이다.

전국의 주요 현판들, 이야기가 있는 옛 현판을 찾아 거기에 담긴 흥미로운 사연, 건물과 글씨의 주인공에 대한 이야기 등을 소개한다. 현판에 담긴 옛 사람들의 삶과 철학, 그리고 풍류의 향기를 공유할 수 있기를 기대한다.

# 현판 의미와 역사

현판의 의미에 대해 사전에는 글자나 그림을 새겨 문 위에 거는 편액扁額이라고 정의하고 있다. 하지만 일반적으로는 편액과 주련柱聯을 통칭해 일컫는다. 간단히 말해 편액은 건물의 명칭을 나타내는 표지이고, 주련은 건물의 기둥에 좋은 글귀를 써서 붙이거나 새겨 거는 것을 말한다. 주련은 글귀를 이어 기둥에 건다는 의미에서 그렇게 불리었다.

편액의 역사는 중국 진나라 시대까지 거슬러 올라간다. 진秦나라 때 문자를 통일하면서 글자체나 용도에 따라 여덟 가지 서체八書로 정리했는데, 그중 여섯 번째인 '서서署書'가 제서題書, 방서榜書 등에 쓰인 서체였다. 즉 건물의 명칭 등을 쓰는데 사용했던 편액 글씨였던 것이다.

한漢나라 고조高祖(재위 B.C. 206~B.C. 195) 6년에 소하蕭何가 '창룡蒼龍', '백호白虎'라는 서서를 썼다는 기록이 있다. 이때의 서체는 전서篆書였을 것으로 추정되며, 진晉나라 이후에는 해서가 주로 사용되면서 편액은 대해大楷로 썼다.

삼국 중 위魏나라의 위탄韋誕이 능운대凌雲台의 제액題額을 쓴 기록이나, 동진東晉의 왕헌지王獻之가 태극전의 액자額字 의뢰를 받았으나 거절했다는 고사 등도 보인다. 한편 불교 사원이 건립되면 제왕이 편액을 하사하는 관습까지 생겨나고, 당대唐代에는 이것이 성행했다 한다.

우리나라에서는 삼국 시대부터 쓰기 시작한 것으로 보고 있다. 『삼국사기』, 『삼국유사』, 『동문선』 등 각종 문헌에 편액이 있었다는 기록이 있다. 조선 시대에는 사찰 건물은 물론 도성의 문루, 궁궐의 전각, 지방 관아와 향교, 서원, 주택 등에까지 편액이 걸렸다.

현판은 주로 나무판을 사용하고, 건물의 규모나 성격에 맞게 색채와 장식을 더하기도 했다. 글자에는 금니, 은니, 먹, 호분 등을 쓰며 바탕색은 글자의 색을 고려해 칠을 하거나 그냥 두기도 했다. 특히 편액은 다양한 틀을 만들어 거기에 문양을 새기거나 색채를 가하기도 한다.

편액은 대부분 건물의 명칭을 담은 건물의 얼굴이므로, 건물의 정중앙 처마 아래에 부착한다.


## 다양한 서체의 현판 글씨

편액에 쓰이는 한자는 액체額體라고도 하는데, 굵은 필획으로 써서 뚜렷하고 분명하게 보이도록 하는 것이 원칙이었다. 짜임새가 긴밀하고 방정하면서도 강건한 글씨여야 하기에 주로 해서楷書를 많이 썼다.

편액 글씨체로 원나라 승려 설암雪庵 이부광의 글씨가 고려 말에 수용된 이래, 공민왕을 비롯해 많은 이들이 설암 서법을 따랐고 편액에도 애용했다. 설암은 안진경과 유공권의 글씨를 배워 특유의 해서 서법을 이루었다. 특히 그의 대자大

字는 조맹부의 송설체와 더불어 편액 글씨로 널리 사용되었다.

명나라 말기와 청나라 초기의 학자 도종의陶宗儀가 지은『서사회요書史會要』에는 설암 이부광에 대해 "글씨와 그림은 신품의 경지에 올랐다. 그의 서법 학문은 안진경顏眞卿과 유공권柳公權에서 나왔으며, 해서·행서·초서를 잘 썼다. 큰 글씨는 더욱 잘 썼다. 조정의 편액은 다 그의 글씨다."고 적고 있다.

설암체는 편액 글씨체로 조선 후기에 이르기까지도 계속 유행했다. 궁궐은 물론 전국 곳곳에 전하는 사찰, 서원 등 편액에서 설암체의 서법을 만나볼 수 있다.

설암의 대자 글씨는 그의『병위삼첩兵衛森帖』,『춘종첩春種帖』등에 전하고 있으며,『세종실록』에는 "새로 간행한『설암법첩』을 종친, 의정부, 육조, 집현전 등의 관원들에게 나누어 주다."는 기록이 있다. 이로 보아 조선 초기부터 설암의 대자 글씨가 널리 확산되었음을 알 수 있다.

조선 초기 암헌巖軒 신장申檣(1382~1433)이 특히 편액 글씨에 뛰어났다.『신증동국여지승람』에 "신장은 대자大字를 잘 썼다. 세종께서 예전에 설암이 쓴 위응물韋應物의「병위삼화극연침응청향兵衛森畫戟宴寢凝淸香」이란 서첩을 얻었는데 '병위삼' 세 글자가 떨어져 나간 것을 신장에게 명하여 보충하게 하였다."는 기록이 있다. 그의 편액 글씨로 '임씨가묘林氏家廟'가 남아 있다. 공민왕, 이황, 한석봉, 송시열 등 많은 이들이 설암체 편액 글씨를 남기고 있다.

물론 현판 글씨로 해서 외에도 전서와 예서, 행서, 초서 등 다양한 글씨체가 사용되었다. 현판 글씨는 왕이나 당대의 대표적 명필과 문인, 고승의 것이 대부분이나, 옛 선현의 글씨에서 골라 사용하기도 했다.

# 홀대받는 현판 문화유산

이렇게 역대 제왕이나 당대의 명필, 문인의 필적이 담긴 편액은 건물의 품격을 높이는, 화룡점정畵龍點睛의 작품들이다. 현판은 당대 예술의 정수는 물론 그 시대의 정신과 가치관, 역사, 아름다운 일화 등이 담겨 있어 더없이 소중한 문화유산일 수밖에 없다. 그럼에도 불구하고 현판은 건축물이나 그림, 도자기 등과는 달리 별 주목을 받지 못하고, 그 가치도 제대로 인정받지 못하며 방치되고 있다.

공주 마곡사 대웅보전(보물 제801호)의 현판 '대웅보전(大雄寶殿)'
이 현판 글씨는 신라의 명필 김생(711~791)이 쓴 것으로 전하고 있다.
사실이라면 현존 우리나라 현판 중 가장 오래된 글씨 현판인 셈이다.

편액 중 가장 오래 된 글씨로, 신라의 명필 김생(711~791)이 쓴 것으로 전하는 공주 마곡사의 '대웅보전大雄寶殿'이 있다. 물론 현재의 편액 자체는 당초의 원본은 아니고 여러 번 복각을 거친 것일 수도 있겠지만, 소중한 문화유산임에 틀림없을 것이다. 또한 그의 글씨를 집자했다는 '만덕산 백련사萬德山 白蓮社' 편액도 강진 백련사에 전하고 있다.

마곡사 대웅보전(충남 공주시 사곡면 운암리) 전경
마곡사는 신라 승려 자장이 640년(선덕여왕 9년) 창건했다고 전한다.

공민왕의 글씨로 전하는 부석사 '무량수전無量壽殿'과 안동 '영호루映湖樓' 편액
도 더없이 귀중한 유산이다. 이러한 어필 편액을 비롯해 추사 김정희, 원교 이광
사, 창암 이삼만 등 당대 최고 명필의 편액 작품도 전국 사찰 곳곳에 걸려 있다.

누각과 서원, 정자, 명문가 고택 등에도 흥미로운 사연이 담긴 현판 문화재가
즐비하다. 영남루(밀양), 죽서루(삼척) 등 누각은 특히 현판의 경연장이라 할 정
도로, 누대에 걸쳐 수많은 명필과 시인묵객의 오래된 필적이 전해 오고 있다. 시

많을 때는 시판(詩板)을 포함해 300여개의 현판이 걸려 있었다는 영남루(경남 밀양시 내일동)
이런 누각은 누대에 걸쳐 특히 많은 문인(文人)과 명필이 글씨나 시 현판을 남긴 건물로 '현판 경연장'이라 할 만하다.

대별로 현판의 모양이나 장식 등도 차이가 있어 그 시대의 특징을 잘 전해 주고
있다.

　이렇게 귀중한 문화재 현판이 많은데도 불구하고 현판이 국보나 보물 등 국가
지정문화재로 지정된 경우는 하나도 없다. 지방문화재로 지정된 것도 추사 글씨
인 봉은사 '판전板殿(서울시유형문화재 제84호)' 현판과 명종 글씨인 영주 '소수서원
紹修書院(경상북도 유형문화재 제330호)' 현판 등 극소수에 불과하다.

옛 현판은 목재여서 오래 보존되기가 어려운 문화재이나 다행히 역대 왕과 명필 등의 소중한 필적이 적지 않게 남아 있다. 선조들은 그 귀중한 가치 때문에 해당 건물이 화재나 풍수해 등으로 소실되거나 파괴될 때 우선적으로 현판만이라도 구하고 보전하기 위해 각별히 노력했다. 덕분에 당시의 건물은 없어져도 현판만은 지금까지 보전해 올 수 있었던 사례가 적지 않다.

현판 글씨, 특히 편액 글씨는 금석문에서는 찾아볼 수 없는 대자 글씨의 특별한 서체와 서풍을 다양하게 살필 수 있어 더욱 소중한 문화재다. 그런데도 이에 대해 본격적인 연구와 분석이 되지 않아 그 가치가 제대로 빛을 발하지 못하고 있는 것은 안타까운 일이다.

현판 중 보기 드물게 문화재(서울시유형문화재 제84호)로 지정돼 있는 서울 봉은사 '판전(板殿)' 현판
추사 김정희가 별세 3일전에 남긴 작품이다.

정자와 누각에 걸린 현판

높은 곳에 올라 세상을 보다

영호루는 진주 촉석루, 밀양 영남루와 함께 영남 3대 누각으로 꼽힌다.

# 경북 안동
## 영호루

개혁 군주 고려 공민왕(1330~1374, 재위 1351~1374)은 예술에도 뛰어났다. 그림을 잘 그린 화가였고, 글씨에도 능했다. 그림으로는 〈천산대렵도千山大獵圖〉가 전하고 있다. 글씨는 특히 큰 글자에 뛰어났는데, 그의 글씨로 전하는 편액이 지금도 곳곳에 남아 있다.

공민왕은 홍건적의 2차 침입 때 전란을 피해 약 1개월에 걸친 몽진 끝에 1361년 겨울 영주(순흥)에 도착했다가 그 해 12월에 다시 안동으로 옮겨, 이듬해 2월까지 70일 동안 머물렀다. 당시 이 지역 관리와 백성은 열성을 다해 공민왕 일행을 받들었고, 공민왕은 그들의 환대에 감동해 많은 은혜를 베풀었다. 이로 인해 공민왕과 관련된 유·무형의 문화유산이 영주와 안동 곳곳에 전해 오고 있다.

이런 연유로 경북 북부 지역에는 공민왕 글씨 현판도 적지 않다. 안동 관민의 환대에 대한 고마움을 담아 내린 '영호루映湖樓'와 '안동웅부安東雄府'는 그 대표적 현판이다.

# 고려 공민왕 친필 '영호루' 현판

안동시 정하동 낙동강 변 언덕 위에 자리한 영호루에 오르면 '두 왕'의 친필 현판을 만날 수 있다. 한자로 된 공민왕의 글씨 현판 '영호루映湖樓'와 한글로 된 박정희 전 대통령의 '영호루' 현판이다.

영호루에 걸려 있는 공민왕 글씨 현판인 '영호루'.

현재 영호루 남쪽에 걸려 있는
박정희 전 대통령의 한글 현판 '영호루'.

박 대통령 글씨 현판은 1970년 지금의 영호루가 건립된 후 걸게 된 것이다. 원래 영호루 자리는 지금의 영호루 맞은편 강변이었다. 그동안 수해를 자주 당해 현재의 위치로 터를 옮기고 건물은 당시 많이 지어졌던 철근 콘크리트 건물로 복원, 기와를 얹고 단청을 칠했다.

위치도 바뀌고 시멘트 건물로 복원된 누각이지만, 공민왕 글씨만은 그대로 전해 오고 있다. 650여 년 전 명필이었던 공민왕이 남긴 글씨 현판을 지금도 만날 수 있음은 각별한 일이다. 현재 누각에 걸린 현판은 복제품이고, 원본은 안동민속박물관에 보관하고 있다.

원본 현판은 강변 낮은 곳에 건립된 누각에 걸렸던 탓에 그동안 여러 차례 강물에 떠내려갔다가 다시 회수하는 일을 반복하다 오늘에 이르고 있다.

안동민속박물관에 보관된 '영호루' 현판 원본.

## 왕이 안동을 사랑하여 쓴 글씨

공민왕은 안동에 머물 때 적적한 마음을 달래기 위해 낙동강 변 영호루를 자주 찾았다. 때로는 누각 아래 강물에 배를 띄워 즐기기도 하고, 누각에서 활을 쏘며 시름을 달래기도 했다.『고려사』는 "을미일에 왕이 영호루에 갔다가 배를 타고 놀았으며, 호숫가에서 활을 쏘았다. 안렴사가 왕을 위해 연회를 베푸니 많은 사람들이 둘러서서 보았다. 그중 어떤 이는 소매를 흔들며 흥거워 울었고, 어떤 사람은 비결을 외우면서 탄식하기도 했다."고 적고 있다.

이랬던 공민왕은 개경에 돌아간 후 안동을 대도호부로 승격시키고, 몇 년 후인 1366년 겨울에는 친히 편액용 대자 글씨로 '영호루'를 써 담당 신하에게 주어 전하도록 했다. 그러나 그 글씨의 현판을 걸기에 누각이 너무 작고 초라해 물가에 더 가깝게 옮기고 규모를 키운 뒤(1368년), 왕의 글씨이므로 금칠을 한 금자金字 현판으로 만들어 걸게 된다.

목은牧隱 이색(1328~1396)이 지은 「영호루금방찬서映湖樓金榜讚序」에 그 내용이 나온다.

"지정 신축년(1361년) 겨울에 국가(왕)가 남쪽 복주(안동)로 옮기고 군사를 출동시켜 북벌, 이듬해 드디어 도적을 섬멸했다. 복주를 안동대도호부로 삼으니, 대개 그 옛날을 회복한 것이고, 또한 기쁜 일이로다. 병오년(1366년) 겨울에 임금이 서연書筵에서 '영호루' 세 글자를 크게 써서 정순대부 상호군 김흥경에게 교지를 전하도록 명하고, 봉익대부 판전교시사 권사복을 불러 그에게 글씨를 주었다. 당시 안동도호부의 판관 조봉랑 신자전이 아전들과 의논하기를 누각이 소박해 임금님이 하사한 것을 제대로 걸 수 없을 것 같아 두려워하면서, 날을 정해 누를 물가 쪽으로 더 넓히니 그 규모가 더욱 크고 시원하였다. 사복은 신臣에게 그 까닭을 자세히 말하고 기문을 청했다. 신은 말하기를 '누의 기를 쓰는 일은 비록 능하지 못하나 홀로 느낀 바가 있다. 임금께서 안동에 머무를 때 이 누각에 거동하셨는데 신은 모시는 신하로 실제 따라갔다. 그러나 당시의 경계하던 마음은 게을러지고 또 잊은 지 오래되었다. 아! 임금께서 안동을 사랑하여 돌보심이 여기에 이르는데 신이 어찌 부끄럽지 않겠는가.'고 하였다. 이에 그 고루함을 잊고, 절한 뒤 머리 숙여 찬문을 짓는 바이다.'"

## 수차례 유실됐다 되찾은 현판

이렇게 1368년 신자전이 영호루 규모를 더 확장해 공민왕이 하사한 편액을 처음 걸게 되었다. 이후 현판은 수많은 곡절을 겪게 된다.

영호루는 1547년 대홍수로 누각이 유실되고 현판도 강물에 휩쓸려 떠내려가 버렸으나 김해에서 발견돼 6년 후(1552년) 중창된 누각에 다시 걸리게 된다. 이후 1605년과 1775년에도 홍수로 유실되었으나 현판은 보전해 새로 지은 누각에 다시 걸릴 수 있었다. 1788년에 복원된 영호루는 1792년 다시 유실되고 1796년에 복원되었다. 1820년에는 안동부사 김학순(1767~1845)이 누각을 중수하고, 자신이 쓴 '낙동상류 영좌명루洛東上流 嶺左名樓'라는 초대형 현판을 걸기도 했다. 이 현판도 지금의 영호루에 걸려 있다.

영호루는 1934년 안동 시가지가 물에 잠기는 대홍수 때 또 주춧돌만 남기는 유실이 있었고, 현판은 구미 부근의 강물에서 다시 회수할 수 있었다. 원본 현판은 이때 회수한 것이다.

이후 국비 지원을 받아 1970년 11월에 종전의 위치가 아니라 강 건너 쪽 동산 위에 현재의 영호루를 중건해 북쪽에는 공민왕 친필 현판을, 남쪽에는 박정희 전 대통령 친필 현판을 걸게 되었다.

지금까지 전해 오는 공민왕 글씨 현판이 1368년에 걸었던 당시의 현판인지는 알 수가 없다. 처음 영호루에 건 현판은 금자 현판이었다고 하는데, 지금 전하는 것은 검은색 바탕에 흰 글씨로 되어 있다. 수해를 당하고 세월이 흐르면서 칠이 벗겨져 다시 칠한 것인지, 아니면 수해 때 유실되었다가 남겨 놓은 탁본을 토대로 다시 만든 현판이 전해 오는 것인지 알 수가 없다.

영호루에서는 수많은 유명 문인들이 올라 경치를 즐기고 다투어 시를 남겼다. 현재 누각에 걸려 있는 시판만 해도 우탁, 김방경, 정도전, 김종직, 이현보, 이황, 권근 등 당대의 대표적 문장가들 작품으로 47점이나 된다. 이 중 십여 개를 제외하고는 고증을 거쳐 1997년에 다시 만들어 건 것들이다. 당시 박정희 글씨 현판 '영호루'도 원래 것은 안동민속박물관으로 옮기고 새로 만들어 걸었다.

양촌陽村 권근(1352~1409)의 〈영호루시映湖樓詩〉 중 "…백척 위태로운 난간 푸른 공중에 떨어지고 百尺危欄浮碧落/ 구중궁궐 임금의 글씨 금빛 꽃같이 빛나네 九重宸翰耀金花./ 긴 내가 돌아가면서 하늘과 맞닿으니 長川廻與銀河接/ 지금 당장 뗏목 띄워 멀리 가고싶네 直欲超超一泛槎."라는 구절이나, 백담柏潭 구봉령(1526~1586)의 〈영호루를 지나며過映湖樓次韻〉 중 "성 안의 명승은 낙동호에 많으니 府城名勝洛湖多/ 나라님 지난 곳 좋은 기상 더하네 鳳輦經過氣像加./ 금자 현판 그림자 은하 물에 비치고 金榜影搖銀漢界 …" 등을 보면 영호루 현판은 금자 현판이었음을 알 수 있다.

임진왜란 때 안동에 주둔하고 있던 명나라 군대가 현판을 파손한 것을 1602년 부사 황극중黃克中이 보수하고, 1603년 부사 홍이상洪履祥이 금칠을 다시 입혔다는 기록도 있다.

안동 부사로 있던 김학순이 남긴 〈영호루〉 시 중에는 "영남 좌도 산천을 두루 다녀 보았지만 嶺左山川閱眼多/ 복주(안동)땅보다 더 고운 곳 없었네 福州佳麗更無加./ 세월은 흘러가도 공민왕 친필 완연하고 滄桑不改恭王筆/ 권세 있는 문벌과 큰 성씨 집안이라네 喬木猶傳大姓家 …"라는 구절도 있다.

밀양 영남루, 진주 촉석루와 함께 영남 3대 누각으로 불리는 영호루는 정확한 건립 연대는 알 수 없으나, 고려 시대 장군 김방경(1212~1300)이 1274년 일본 원정에서 돌아오는 길에 영호루에 들러 지은 시가 전하는 것으로 보아 그 이전에 창건된 것으로 추정된다. 영호루 옛터에는 1992년에 '영호루유허비映湖樓遺墟碑'를 세워 놓았다.


## 공민왕이 안동도호부에 내린 '안동웅부'


고려 태조 왕건이 견훤에게 패해 위세를 잃어가던 중, 안동에서 벌어진 병산 전투에서 불리한 여건임에도 안동 주민들의 도움으로 대승을 거두게 된다. 이에 왕

공민왕 친필 '안동웅부(安東雄府)' 현판
안동민속박물관에 소장돼 있다.

건은 안동을 '안동부'로 승격시켰다. 세월이 흐르면서 안동은 특별히 주목을 받지 못하다가 공민왕이 홍건적 침략을 피해 안동에 머물다 간 후인 1362년 안동에 대도호부를 설치했다.

공민왕은 안동이 자신이 머물렀던 곳이기도 하고 당시 안동부민이 각별한 환대를 해준 것에 대한 보답의 마음도 있었을 것이다. 공민왕은 개경에 도착한 후에도 안동을 잊지 못해 '안동이 나를 일으켰다 [此安東我重興].'고 술회하기도 했다. 공민왕은 이런 안동에 '안동웅부'라는 현판 글씨를 특별히 써서 하사했던 것이다.

여기서 '웅부雄府'라는 단어의 선택이 눈길을 끈다. 당시 안동의 행정적 위상은 안동대도호부였다. 만약 이를 그대로 썼다면 '안동대도호부'라고 했을 것이다. 그러나 왕은 군이 '안동웅부安東雄府'라는 단어를 썼다.

사찰의 중심 건물이 '대웅전'인데, 석가모니불을 모시는 곳이다. 국교가 불교였던 고려의 왕이 이 '웅'자를 사용해 '웅부'라고 편액 글씨를 써서 도호부 관아에 내린 것은 왕의 각별한 마음을 표현한 것이라 할 수 있을 것이다.

안동도호부 관아에 걸려 있던 '안동웅부' 현판은 그 후 안동군청에 걸려 있다가 1998년 안동민속박물관으로 옮겨 보관하고 있다. 지금 안동시청에는 그 복제품이 걸려 있다. 현판 '안安'자 옆에는 '고려 공민왕이 쓴 보배로운 붓글씨'라는 의미의 '여공민왕보묵麗恭愍王寶墨'이라는 글자가 작게 쓰여 있다.

한편 국립중앙박물관은 공민왕의 '영호루'와 '안동웅부' 현판을 탁본한 글씨로 만든 첩을 소장하고 있다. 박물관은 1910년대에 구입한 것이라고 설명했다.

# 경북 안동 봉정사
## 덕휘루

봉정사鳳停寺라는 이름의 유래가 흥미롭다. 신라 시대 의상 대사의 제자인 능인能仁 대사가 천등산에서 수도를 마친 후 종이로 만든 봉황을 도력으로 날려, 그 봉황이 내려앉은 자리에 절을 짓고 '봉정사'라 명명했다 한다. 672년의 일이다.

봉정사가 있는 산의 이름인 '천등산天燈山'도 능인 대사와 관련된 전설이 있다. 그전에는 대망산이라 불리던 산이었다. 능인 대사가 젊었을 때 대망산 바위굴에서 도를 닦고 있었는데, 천상의 선녀가 옥황상제의 명으로 능인 대사의 도력을 시험했으나 넘어가지 않았다. 옥황상제는 이에 감복해 선녀로 하여금 등불을 바위 굴에 내려보내 수도를 더욱 열심히 하도록 도왔다. 능인 대사는 그런 도움에 힘입어 마침내 득도할 수 있었다. 이후 그 굴은 '천등굴', 대망산은 '천등산'으로 불리었다.

우리나라에서 가장 오래된 목조건물인 '극락전'이 있는 사찰인 봉정사는 한국 영화사에 길이 빛날 영화 〈달마가 동쪽으로 간 까닭은〉이 촬영된 곳으로도 유명하다. 그리고 1999년에는 영국 엘리자베스 여왕이 탐방해 '조용한 산사 봉정사에서 한국의 봄을 맞다.'는 글귀를 남기며 봉정사에 스토리를 더하기도 했다.

이 천등산의 봉정사(안동시 서후면 태장리)도 여느 고찰처럼 숲이 좋다. 계곡을 따라 난 숲길을 올라 일주문을 지나 조금 오르면 멀리 가파른 돌계단 위로 누각이 눈에 들어온다. 돌계단 길을 올라 누각 아래 서면, 커다란 누각 처마에 '천등산 봉정사天燈山 鳳停寺' 현판이 찾는 이를 맞이한다. 필획이 예쁘고 정감이 가는 글씨가 눈길을 끈다.

누각 밑을 지나 마당에 오르면 조선 초기 건물인 대웅전(보물 제55호)이 보이고, 다시 뒤로 돌아 누각에 오르면 대웅전 쪽에 '덕휘루德輝樓'라는 아름다운 글씨의 대형 편액을 볼 수 있다. '천등산 봉정사'를 쓴 사람의 글씨임을 바로 알 수 있다.

봉정사 누각인 만세루. 1680년에 건립된 현재의 이 누각은 '덕휘루'라고도 불린다.

## 덕이 빛나 봉황이 내리는 '덕휘루'

누각 위에 걸려 있는 '덕휘루' 현판은 여러 개의 판자를 붙여 만들었고, 검은색 바탕에 흰 글씨로 되어 있다. 테두리는 연꽃 문양으로 장식돼 있다.

왼쪽에 '계축중하癸丑中夏 김가진金嘉鎭'이라는 낙관 글씨와 '동농東農' 인장이 새겨져 있다. 계축년(1913년) 여름에 쓴 글씨임을 알 수 있다. 100년 전에 단 현판이라 바탕과 글씨 부분의 칠은 물론, 테두리 문양 장식도 많이 바랬다.

김가진(1846~1922)은 조선 말기 문신으로, 상해 임시 정부 고문을 지냈으며 한학과 서예로도 유명했다. 동농은 그의 아호다. 동농은 일찍부터 시는 당나라 시인 두보의 격조에 버금가고, 서체는 북송대의 미불과 명대 말기의 동기창의 필법을 심득心得했다는 이야기를 들을 정도로 시와 서예에도 뛰어났다.

봉정사 누각 편액 '덕휘루'의 '덕휘'는 '덕이 빛난다.'는 의미로, 나라가 태평하면 하늘에서 봉황이 내려온다는 전설과 관련되어 있다. 중국 전한 시대 가의賈誼

만세루 안에 걸려 있는 '덕휘루(德輝樓)' 편액. 상해 임시 정부 고문으로 활약한 동농 (東農) 김가진(1846~1922)의 글씨다. 동농은 서예로도 유명했다.

(BC 200~168)가 지은, 굴원의 절개를 기린 〈조굴원부弔屈原賦〉에 다음과 같은 구절이 있다.

"봉황새는 천 길 높이로 날면서 덕이 빛나는 곳을 보고 내리고, 덕이 없고 험악한 조짐을 보일 때면 날개를 거듭 쳐서 멀리 날아가 버린다[鳳凰翔于千仞兮 覽德輝而下之 見細德之險微兮 遙增擊而去之]."

'덕휘'는 이 글귀의 '남덕휘이하지覽德輝而下之' 중에서 따온 것이다.

누각 이름인 덕휘의 의미는 유교적인 성격이 강한데, 봉정사에는 유교적인 요소가 적지 않게 녹아 있다. 대웅전 앞에 사대부가의 건물처럼 쪽마루 난간을 둔 것도 다른 사찰에서는 그 예를 찾아볼 수 없고, 부속 암자인 영산암은 전체적으로 사대부가의 한옥 구조와 흡사하다. 극락전 건물도 현재의 건물과는 달리 복원 전 건물은 앞쪽에 툇마루가 있었다.


1680년에 건립된 것으로 전하는 덕휘루는 현재 '만세루萬歲樓'로도 불린다. 누각 위의 '덕휘루' 맞은편에 '만세루' 현판도 걸려 있다. 덕휘루는 1913년 여름에 썼고, 같은 해 가을에 쓴 것으로 되어 있는 만세루 현판은 석능石能 김두한金斗漢이 쓴 것으로 낙관 글씨가 있지만, 어떤 인물인지는 파악되지 않고 있다. 석능은 이 현판과 함께 '화엄강당華嚴講堂', '무량해회無量海會' 편액도 쓴 것(경술 1910년)으로 되어 있다. 사찰 누각 이름으로 흔히 사용되는 '만세루'는 부처님의 법이 영원하다는 의미를 담고 있다.

이 글씨는 동농이 경술국치 후 칩거하면서 지내던 시절의 글씨인데, 그가 어떤 연유로 이 작품을 남긴 것인지는 알 수 없다. 당시의 암울한 환경에 처한 우리나라에 덕이 빛날 날이 빨리 와서 봉황이 내려앉기를 바라면서 쓰지 않았을까 추측해본다.


## 임시 정부 요인이자 서예가인 김가진의 또 다른 글씨 '천등산 봉정사'


'덕휘루'와 함께 '천등산 봉정사' 현판 글씨도 동농이 썼다. 같은 시기에 쓴 것으로 보인다.

'천등산 봉정사' 현판은 판자 열한 개를 이어 만들고, 테두리는 단순한 각목을 사용했다. 덕휘루와 마찬가지로 검은 바탕색에 글씨는 흰색을 칠했고, 테두리 부분은 연꽃 문양 등으로 장식했다. 다만 테두리 문양은 덕휘루 현판과 달리 연

봉정사 만세루 처마에 걸린 '천등산 봉정사(天燈山 鳳停寺)' 편액.
김가진이 '덕휘루'와 함께 1913년에 쓴 글씨다.

꽃 부분을 붉은색으로 칠한 점이 다르다.

글씨를 보면 몽글몽글한 떡가래를 굽혀 만든 글씨 같다. 글씨 획의 굵기 변화가 거의 없고 기교도 부리지 않았다. 획의 마무리 부분도 깔끔하게 처리해 마치 백묵으로 쓴 달필 글씨 같기도 하다. 예쁘고, 정이 가는 글씨체다. 다른 사람에게서는 그 유례를 찾기 어렵다.

동농은 당시 세도가인 안동 김씨 가문에 태어났으나 서자였기에 뛰어난 재능에도 불구하고 제대로 빛을 보지 못했다. 1884년 갑신정변으로 적서 차별이 철폐된 후인 1886년, 마흔이 넘은 나이에 문과에 응시해 급제할 수 있었다. 그 후 1887년부터 4년간 일본 공사로 있으며 반청 자주 외교를 펼쳤고, 1894년에는 갑오개혁의 주역으로 참여하기도 했다.

이후 농상공부 대신, 중추원 참의, 충청남도 관찰사 등을 거쳤다. 규장각 제학을 끝으로 관직에서 물러난 동농은 1907년 11월 남궁억, 장지연, 오세창 등과 대한협회를 만들고, 이듬해 7월에는 2대 회장에 취임했다.

1910년 경술국치 후 실의에 빠져 칩거하던 동농은 1919년 3·1 운동 발발 직후 조선민족대동단 총재를 맡아 활약하다 그해 10월 중국 상해로 망명하게 된다. 대신을 지낸 그의 망명은 국내외에 큰 파문을 일으켰다. 그는 대한민국 임시 정부 고문에 추대되었다. 동농은 이후 만주 지역 무장투쟁을 계획하는 등 독립운동에 매진하다가 77세의 나이로 상해에서 생을 마감했다.

한편 봉정사에서 눈길을 끄는 옛 현판들로는 1882년에 채색을 했다는 글귀가 새겨진 '대웅전大雄殿', '극락전極樂殿' 편액과 영산암의 '우화루雨花樓' 편액 등

이 있다.

　이와 함께 공민왕 친필로 전하는 '진여문眞如門' 편액, 선조 임금이 즉위 전에 쓴 것으로 추정하는 '독포도덕獨抱道德' 현판이 성보박물관에 보관돼 있다. '독포도덕'은 '오로지 도와 덕을 감싸 안는다.'는 의미다.

고려 공민왕이 친필로 봉정사에 남긴
'진여문(眞如門)' 편액.

# 김가진 글씨의 다른 현판들

미불 글씨를 즐겨 썼다는 동농 김가진은 봉정사 편액 글씨 외에도 경북 지역 곳
곳에 글씨를 남기고 있다.

보백당 종택(안동시 길안면 묵계리)에도 여러 개의 편액 글씨를 남겼다. 종택 사
랑채에 걸린 '보백당寶白堂' 편액(원본은 한국국학진흥원 소장) 글씨가 동농의 글씨인
데, 봉정사 편액 글씨체 그대로다. 보백당은 김계행(1431~1521)의 아호이자 당호
堂號이다.

'보백'은 청백을 보물로 삼는다는 의미다. 김계행은 '보백寶白'의 의미를 해설한
다음 글귀를 남겼다. "우리 집에는 보물이 없네 吾家無寶物. / 보물이 있다면 오직
청백뿐이네 寶物惟清白."

김가진의 글씨인 '보백당(寶白堂)' 편액.
안동 보백당 종택(길안면 묵계리)에 남긴 글씨로, 보백당은
조선 중기 문신인 김계행(1431~1521)의 호이자 종택 당호이다.

그는 또 87세의 나이로 자신의 거처 보백당에서 임종하면서, 자손들에게 다음과 같이 당부했다. '대대로 청백한 삶을 살고 돈독한 우애와 독실한 효심을 유지하도록 하라. 세상의 헛된 명예를 얻으려 하지 마라.'

보백당은 동농과 같은 안동 김씨 가문이다. 보백당 종택에 걸린 '용계당龍溪堂'과 '묵은재默隱齋' 편액도 동농 글씨다. 이 두 편액은 원본 글씨를 가지고 근래 새로 제작한 것이다.

그는 안동의 북애北厓 김후 종택(풍산읍 현애리)에도 '매죽헌梅竹軒'이라는 편액 글씨를 남겼다.

동농은 또한 문경 김룡사 일주문의 '운달산 김룡사雲達山 金龍寺', '홍하문紅霞門' 두 편액 글씨도 남겼다. 붉은 노을을 뜻하는 '홍하'는 '붉은 노을이 푸른 바다를 뚫는다[紅霞穿碧海].'에서 유래한 말로 불국토의 세계를 의미하며, 홍하문은 불국토인 부처님의 세계에 들어가는 것을 상징하는 문이다.

동농은 다른 지역에도 현판 글씨를 적지 않게 남겼다. 계룡산 신원사(공주시 계룡면 양화리)의 '대웅전' 편액 글씨 역시 동농의 작품이다. 1896년 독립협회가 결성됐을 때는 '독립문'의 한자 및 한글 글씨를 썼다고 한다. 그의 글씨는 창덕궁 내 여러 건물의 편액과 주련으로도 남아 있다.

# 경남 밀양
## 영남루

대개 그 주변 일대에서 가장 풍광이 좋은 자리에 세우는 누각은, 멋진 필체와 글귀의 현판들을 만날 수 있는 곳이다. 특히 관청에서 지은 옛 누각에는 오랜 세월에 걸쳐 유명 시인 묵객이나 관료들이 각자의 개성적인 필체와 시문을 뽐낸 현판이 남아 있다.

밀양의 영남루(보물 제147호)는 그 대표적인 누각이다. 영남루는 진주 촉석루, 평양 부벽루와 함께 조선의 3대 누각으로 꼽힌다. 밀양강 변 절벽 위에 자리한 영남루는 전체적으로 크고 우람한 외관을 갖추고 있다. 강변의 아름다운 경관과 조선 후기의 화려하고 뛰어난 건축미가 조화를 이루고 있는 누각이다.

1844년에 중건된 건물인 현재의 누각에 그 가치를 더하는 것이 있다. 여러 명필의 다양한 글씨 현판들이다. 각기 개성적인 필치의 멋을 자랑하는 대형 글씨 현판들이 누각 안팎에서 방문객들의 눈길을 끌고 있다. 현판 글씨의 전시장이라 할 만하다.

'영남루嶺南樓' 편액만 세 개가 걸려 있고, '교남명루嶠南名樓', '영남제일루嶺南第一樓', '용금루湧金樓', '강성여화江城如畵' 등 영남루의 위상을 말해 주는 다양한 글귀의 대형 편액도 아홉 개나 된다. 이와 함께 이황, 이색, 문익점 등 여러 유명 문인들의 시와 글을 새긴 현판들도 많이 걸려 있다. 한때는 이 같은 현판들이 300개나 걸려 있었다고 전한다.

영남루 앞에 서면 큰 편액들이 처마를 대부분 가릴 정도로 여러 점 걸려 있어도 멋진 누각의 모습을 해친다는 생각이 들지 않는다. 근래 멋진 한옥 건물을 지어 놓고도 졸렬한 글씨의 편액을 걸어 건물의 이미지에 먹칠하는 사례와 비교된다.

## 조선 후기 명필 조윤형의 '영남루'

영남루 북쪽 처마에는 세 개의 대형 편액이 걸려 있다. '영남루嶺南樓'가 중앙에 있고, '강좌웅부江左雄府'와 '교남명루嶠南名樓'가 좌우에 있다. 글씨가 모두 유려하고 아름다워 눈길을 시원하게 한다.

시원하고 자연스러운 행서체인 '영남루' 글씨는 당대 명필로

당대 명필 조윤형이 64세에 쓴 영남루 편액.

유명했던 송하松下 조윤형(1725~1799)이 썼다. '무신戊申 월月 일日 서書'라는 낙관 글씨와 '조윤형인曹允亨印'이라는 도장이 새겨져 있다. 무신은 조윤형의 생몰 연대로 보아 1788년으로 보이는데, 현재의 건물을 중건하기 전의 누각에 걸려 있던 편액인 것으로 추정된다. 64세의 나이에 쓴, 무르익은 필치를 잘 느낄 수 있는 작품이다.

영남루는 신라 때 창건된 영남사嶺南寺라는 사찰이 있던 자리에 건립되었다. 1365년 남아 있던 사찰의 작은 누각을 헐고 새로 지은 뒤 '영남루'라 명명했다. 조선 시대에 들어와 1460년에 중수하면서 규모를 크게 했으며, 선조 때 소실되자 1637년 다시 지었다. 그리고 지금 누각은 1844년 다시 세운 것이다.

송하는 어려서부터 우리나라만의 독특한 서체인 동국진체東國眞體를 완성한 원교圓嶠 이광사(1705~1777)에게 글씨를 배웠으며, 각 체의 글씨에 능했다. 특히 획이 굳세고 예스러운 해서와 초서·예서를 잘 썼다. 원교의 스승인 백하白下 윤순(1680~1741)의 사위이기도 한 그는 벼슬을 하지 못하고 지내다가 1766년 글씨로 벼슬길에 올랐다. 원교를 이어받아 진경 시대(조선 영·정조 시대의 문화 절정기)

글씨를 빛낸 대가인 그는 정조가 가장 총애했다는 인물이기도 하다. 그림에 정선과 김홍도가 있다면, 글씨에는 조윤형이 있다는 이야기가 회자될 정도였다.

이처럼 글씨로 벼슬을 할 정도로 당대 명필로 이름이 났던 송하는 당시 관청의 금석과 편액 글씨를 도맡아 썼다고 한다. 진주 '촉석루矗石樓' 편액, 수원 화성행궁의 '신풍루新豊樓', '봉수당奉壽堂' '낙남헌洛南軒', 영주 풍기의 '금선정錦仙亭', 공주 마곡사의 '심검당尋劍堂', 김천 직지사의 '황악산 직지사黃嶽山 直指寺' 편액 등이 남아 있다. 시원하면서도 힘이 넘치는 글씨들이다.

직지사 일주문에 걸린 해서 편액 '황악산 직지사黃嶽山 直指寺'에는 '경인하절庚寅夏節'이라는 글씨와 '조윤형인曹允亨印'이라는 도장이 새겨져 있다. 그가 45세 때인 1770년에 쓴 것이다.


## 7세·11세 형제가 쓴 글씨 현판

영남루에 오르면 여러 개의 대형 편액들이 눈길을 끈다. 그중 가장 눈길을 끄는 편액은 '영남루'와 '영남제일루'다. 보기 드물게 큰 글씨의 편액이다. 누가 썼는지, 즉 글씨를 쓴 주인공이 7세와 11세 아이라는 것을 알고 나면 더욱 놀라게 된다.

'영남루' 편액에는 다음과 같은 기록이 있다. '계묘초하한이현석칠세서癸卯初夏澣

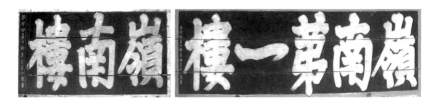

형제인 이현석과 이증석이 각각 7세, 11세에 쓴 '영남루', '영남제일루' 편액.

李玄石七歲書'라는 글귀다. '1843년 초여름 이현석이 7세 때 쓰다.'라는 내용이다.

그렇게 어린 나이에 자신의 키보다 컸을 글씨를 어떻게 썼을까 하는 의문이 든다. 글씨도 힘이 있게 잘 썼다. 확대 복사할 수 있는 기계도 없던 옛날이라 편액 글씨는 편액 크기에 맞는 큰 글씨를 써야 했는데, 믿기 어려운 사실이 아닐 수 없다. 보는 이들의 탄성을 자아내는 이 편액 글씨는 서예가들로부터도 불가사의한 필력으로 회자되어 왔다.

누각 안 중앙 대들보에 걸려 있는 '영남제일루' 편액도 마찬가지다. 이 글씨는 '영남루'를 쓴 이현석의 형인 이증석이 11세 때 같은 시기에 썼다. '계묘초하한이증석십일세서癸卯初夏澣李憎石十一歲書(1843년 초여름 11세의 이증석이 쓰다.)'라는 작은 글씨가 적혀 있다.

이 두 형제는 건물을 중수할 당시 밀양 부사로 있던 이인재李寅在의 첫째 아들과 둘째 아들이었다. 이인재가 서예 신동으로 불리던 두 아들에게 편액 글씨를 쓰게 한 것으로 보인다. 1844년 누각을 준공한 것으로 되어 있으니 글씨는 1년 전 공사 준공 전에 쓴 것이다. 두 편액 글씨는 비슷한 필체의 해서체다.

성파 하동주의 '영남루' 편액.

누각을 내려가면 강 쪽 처마에 또 다른 '영남루' 편액을 볼 수 있다. '신미추성파하동주辛未秋星坡河東州'라는 낙관 글씨가 있는데, 이것은 성파星坡 하동주(1879~1944)의 글씨다. 신미년은 1931년이다. 성파는 추사의 제자였던 아버지 하제봉河霽峰으로부터 추사체를 전수받아 추사체로 일가를 이룬 진주의 대표적 서예가였다.

# 영남루의 다른 현판 '강좌웅부' 등

송하 조윤형의 '영남루' 양옆에 같은 사람 글씨로 두 개의 편액이 나란히 걸려 있다. 수려한 예서 작품으로, 판자를 열두 개씩이나 붙여 만든 대형 편액이다. 좌측의 '교남명루嶠南名樓'는 '문경새재 이남, 즉 영남 지역의 유명한 누각'이란 뜻이다. 우측 '강좌웅부江左雄府'는 '낙동강 왼쪽에 있는 아름답고 큰 고을'이라는 의미다. '영남루' 편액과는 반대로, 흰색 바탕에 검은 글씨 편액이라 서로 잘 어울리고 있다.

이 두 편액의 글씨는 귤산橘山 이유원(1814~1888)의 작품이다. 귤산은 고종 초에 좌의정에 올랐으나, 흥선대원군과 반목해 좌천되었다가 대원군이 실각하자 다시 영의정까지 오른 문신이다. 학문에도 능해『임하필기林下筆記』,『귤산문고』등을 남기기도 한 그는 서예에서는 예서에 특히 능했다.

예서로 유명했던 이유원 글씨의 편액 '교남명루(嶠南名樓)'와 '강좌웅부(江左雄府)'.

누각 마루에 오르면 '영남제일루', '영남루'와 함께 각기 다른 글씨체의 편액을 여러 개 만날 수 있다.

그중 '강성여화江城如畵'는 '밀양강과 밀양 읍성이 함께 어울려 하나의 그림과 같다.'는 의미다. 누가 글씨를 썼는지는 알 수 없다. 그리고 '영남루에 오르니 넓고 높은 세상이 눈앞에 펼쳐진다.'는 의미의 '현창관顯敞觀' 편액이 보이고, '높은 절벽에 우뚝 솟아 있는 아름다운 누각'이라는 뜻의 '용금루湧金樓' 편액도 눈에 들어온다. '현창관'에는 '병인오월丙寅五月'이라는 글씨가 있어 1866년 작품인 것으로 추정된다.

# 강원 삼척 죽서루
# 제일계정

"관동 지방에는 경치가 뛰어난 곳이 많다. 그중에서도 가장 뛰어난 곳이 여덟 곳이 있다. 통천의 총석정, 고성의 삼일포와 해산정, 수성의 영랑호, 양양의 낙산사, 명주의 경포대, 척주(삼척)의 죽서루, 평해의 월송포이다. 그런데 이러한 곳을 유람해 본 이들이 유독 죽서루를 제일로 손꼽는 것은 무슨 까닭인가.

대개 해변에 위치한 고을은 대관령 밖 동쪽으로 큰 바다에 접하고 그 바다 밖은 끝이 없으며, 해와 달이 번갈아 뜨고 괴기怪氣의 변화가 무궁하다. 해안은 모두 모래톱인데 어떤 데는 모롱이진 큰 못이 있고, 어떤 데는 기이한 바위가 우뚝 솟고, 또 어떤 데는 소나무 숲이 우거져 있기도 하다.

… 유독 죽서루의 경치만이 동해와 마주해 높은 산봉우리와 깎아지른 절벽이 있다. 서쪽으로는 두타산과 태백산이 우뚝 솟아 있는데, 푸른 기운이 감돌고 이내 속으로 바위 골짜기가 그윽하고 어둑하다. 큰 시내가 동으로 흘러 꾸불꾸불 50리의 여울을 이루고, 그 사이에는 울창한 숲도 있고 사람 사는 마을도 있다. 누각 밑에 와서는 겹겹이 쌓인 바위 벼랑이 천 길이나 되고 흰 여울이 그 밑을 감

주변의 아름다운 경관으로 관동팔경 중에서도 대표적 명소로 꼽히는 죽서루(삼척시 성내동).

돌아 맑은 소를 이루었는데, 해가 서쪽으로 기울 때면 넘실거리는 푸른 물결이 바위 벼랑에 부딪혀 부서진다. 이처럼 색다르고 아름다운 경치는 큰 바다 풍경과는 아주 다르다. 유람객들도 이런 경치를 좋아해 죽서루가 제일이라고 일컫는 것이 아닌가 싶다."

미수眉叟 허목(1595~1682)이 삼척 부사로 있으면서 1662년에 지은 「죽서루기竹西樓記」의 내용이다.

## 삼척 부사로 있던 미수 허목의
## 보기 드문 행초 글씨

죽서루(보물 제213호)는 미수 허목이 표현한 것처럼 삼척의 오십천五十川 변 깎아지른 듯한 절벽 위에 자리하고 있다. 이 누각이 관동팔경의 하나로 들어가고 그중에서도 제일로 꼽힌 것은 누각이 웅장하거나 특별히 아름답기 때문은 아니다. 누각이 위치한 지형의 아름다운 경치 덕분이다. 1921년 이학규가 쓴 「중수기」에서도 "시내 위에 떠 있는 구름과 산봉우리에 걸려 있는 달 사이에 그 수많은 아름다운 경치는 대체로 미루어 짐작할 수 있다. 누각이 아주 높은 절벽 위에 있어 오십천을 내려다보면 물이 돌아 나가면서 소沼를 이루는데, 물속까지 보일 정도로 맑고 깨끗하여 헤엄치는 물고기를 난간에 기대어 서서도 헤아릴 수 있으니 매우 아름다운 경치다."며 멋진 경관을 묘사하고 있다.

누각 안에 걸린 편액 '제일계정(第一溪亭)'.
1662년 당시 삼척 부사로 있던, 독특한 전서체로 유명한 미수 허목이 쓴 글씨로 전한다.

죽서루에 오르면 이런 풍광을 대변하는 글귀의 편액이 있으니 '제일계정第一溪亭'이다. '시냇가에 있는 정자 중 첫째가는 정자'라는 의미다. 1662년 「죽서루기」

를 쓴 미수가 같은 해에 쓴 글씨 편액으로 전한다. 미수는 '미수전眉叟篆'으로 통하는, 독특한 전서체 글씨로 유명하다. 미수는 곳곳에 많은 편액 글씨를 남겼는데, 거의 모두가 전서체 글씨다. '제일계정' 처럼 행초行草(행서와 초서를 섞어 쓴 글씨) 글씨로 남긴 편액은 이것 말고는 찾기 어렵다. 호쾌하게 쓴 것으로 누구나 좋아할, 시원하고 유려한 글씨다. 68세 때의 글씨. 네 장의 판자를 붙이고 테두리를 따로 해 만든 편액으로, 검은색 바탕에 흰 글씨로 되어 있다.

죽서루에는 이 편액과 함께 1837년 삼척 부사이던 이규헌이 쓴 '해선유희지소海仙遊戲之所' 현판이 걸려 있다. '바다 신선이 노닐던 장소'라는 뜻이다. 누각 처마에는 1710년 삼척 부사 이성조가 쓴 '죽서루竹西樓', '관동제일루關東第一樓' 편액이 나란히 걸려 있다.

이규헌이 쓴 '해선유희지소(海仙遊戲之所)'.

이성조가 쓴 '죽서루(竹西樓)'.

죽서루 명칭과 관련된 이야기가 전한다.

삼척에 황진이와 버금가는 기생이 있었다. 그녀의 정조는 대나무와 같았고 자태는 선녀와 같았기에 '죽죽선녀'로 불리었다. 선비와 관리들이 죽죽선녀의 유희소遊戲所로 몰려들었고, 유희소 서쪽 오십천 절벽 위에 절묘하게 세워진 누각을 죽서루라 불렀다.

이와 함께 누각의 동쪽에 대나무 숲이 있고, 그 죽림 안에 죽장사란 절이 있었다는 이유로 죽서루로 명명되었다는 이야기도 전한다. 미수의 「죽서루기」에는 "옛날 누각 아래에 죽장사란 절이 있었는데, 누 이름을 죽서루라 부른 것은 아마 이 때문인 듯하다."고 적고 있다.

죽서루에 대해 '신라 시대의 절 죽장사竹藏寺의 일부인 서문루西門樓로 의상 스님이 창건했다.'는 기록(〈동아일보〉 1935년 8월 19일 자)도 있다.

## 독특한 전서체 글씨로 유명한 허목

미수 허목은 한강寒岡 정구(1543~1620)의 문하생이고, 과거를 거치지 않고 정승까지 오른 흔하지 않은 인물이다. 송시열과 예학에 대해 논쟁한 남인의 영수로, 조선 후기 정계와 사상계를 이끌어 간 인물이다. 주자학을 중시하던 17세기 당시의 시대 분위기와 달리, 원시 유학原始儒學인 육경학六經學에 관심을 두면서 고학古學의 경지를 개척했다. 도가적道家的인 성향도 깊이 드러냈으며, 불교에도 개방적인 태도를 보였다.

서인 송시열과의 예송禮訟논쟁에서 그의 의견이 받아들여지지 않게 되어 삼척부사로 축출되었으나, 향약을 실시하고 『척주지』를 편찬하는 등 선정을 펼쳐 삼척 사람들이 기리는 대표적 인물이 되었다.

미수는 중국 고대국가 하夏·은殷·주周 삼대 문자인 고전古篆을 집중 탐구해 특유의 전서를 창안했다. '미수전'으로 불리는 그의 전서는 자형이 매우 복잡한 편이나 독창성과 개성이 두드러져 풍부한 예술성을 살리고 있다는 평가를 받는다.

미수전 글씨의 대표적 작품이 삼척에 있는 척주동해비陟州東海碑다. 이 미수전에 대해 조선 영조 때 학자이며 문장가인 이계耳溪 홍양호(1724~1802)는 자신의 시문에서 "지금 동해비를 보니 그 문사文辭(문장에 나타난 말)의 크기가 대해大海와 같고 그 소리가 놀란 파도와 같아 만약 해령海靈이 있다면 그 글씨에 황홀해질 것이나, 허목이 아니면 누가 다시 이 글과 글씨를 썼겠는가."며 감탄했다.

이와 달리, 당시 온건한 필법으로 서예계를 대표할 만했던 이정영李正英은 미수의 글씨를 마땅치 않게 생각, 왕에게 "그의 괴이한 서체를 금지해야 한다."고 간청하기도 했다. 하지만 미수는 자신의 전서를 고수하며 그의 문인들에게도 물려줬다. 덕분에 미수전은 전국 곳곳의 현판 작품으로 남아 있어, 독특한 글씨로 보는 이들에게 색다른 맛을 선사하고 있다.

척주동해비각(삼척시 정상동).

# 조수 피해를 잠재운 허목의 척주동해비

척주동해비 탁본. 미수 허목이 동해를 예찬한 시를 짓고 자신의 독특한 전서체로 써서 새긴 척주동해비를 세움으로써 해일을 잠재웠다는 이야기가 전한다.

미수 허목이 1660년 삼척 부사로 부임했다. 당시 동해에는 심한 조석 간만의 차로 인한 피해가 극심했다. 조수가 심할 때는 삼척 시내까지 바닷물이 올라오고, 여름 홍수 때는 강 하구가 막히면서 오십천이 범람하는 등 주민들의 피해가 심했다.

이를 안타깝게 여긴 허목은 동해를 예찬한 내용과 신비한 자연 철학관이 담긴 「동해송東海頌」(192자)을 짓고 그것을 독창적인 전서체로 쓴 뒤 1661년 정라진汀羅津 앞 만리도萬里島에 비를 세웠다. 그러자 바다가 조용해지고 그 후로는 조수의 피해가 없어졌다. 이 비석이 척주동해비陟州東海碑다. 척주陟州는 삼척의 옛 이름이다. 글자 수는 비의 제목인 '척주동해비'와 척주의 위치를 설명한 글을 포함하면 228자에 이른다.

이 비석과 관련해 다음과 같은 전설도 있다. 미수는 비석을 세울 당시 같은 비석을 하나 더 만들어 관아 마루 밑에 몰래 묻은 뒤, 나이 어린 아전을 불러 "내가 죽은 뒤 때가 되면 나와 원수지간에 있던 서인이 와서 비를 파쇄할 것이다. 그렇게 되면 다시 조수의 재난이 생길 것이기에 너에게 별도의 비석 묻은 곳을 알려 주는 터이니 명심하고 누설하지 마라."고 당부했다.

뒷날 과연 새로 부임한 부사가 "일개 비석이 무슨 그런 영험한 힘이 있겠는가. 혹세무민하는 일이다."며 비석을 부숴 버렸다. 그러자 다시 해일이 일어 백성들의 피해와 원성이 커졌다. 노심초사하는 부사에게 그 아전이 "허목 전 부사가 오늘과 같은 일을 미리 아시고 그때 나이 어린 저에게 동헌 마루 밑에 묻어 둔 비석을 쓰도록 하라는 말을 남겼다."고 했다. 부사가 동헌 마루 아래를 파 보니 과연 비석이 있었다. 비석을 다시 세우니 해일이 사라졌다.

이 비석은 1708년 풍랑으로 부서지자 당시 부사 홍만기가 사방으로 비문을 찾다가 문하생인 한숙韓塾의 처소에서 원문을 구해 다시 새겨 만들었고, 1709년 2월 부사 박내정이 죽관도竹串島(지금의 육향산) 동쪽에 비각을 짓고 옮겨 세웠다. 지금은 작은 동산 같은 육향산六香山 정상의 비각 속에 세워져 있다. 1969년 12월 지역 유지들의 뜻에 따라 이건한 것이다. 비석은 높이 170센티미터·너비 60센티미터·두께 23센티미터 규모다. 이 비석은 이처럼 보기 드물게 두 번 만들어지고, 위치는 세 군데나 옮겨 다닌 기록을 갖게 되었다.

비석에 담긴 이 같은 전설로 인해 삼척 사람들은 언젠가부터 이사를 하거나 개업을 하는 사람이 있으면 이 비석 탁본을 선물해왔다. 지금도 식당 곳곳에서 이 탁본을 접할 수 있다.

사람들은 이 탁본이 자연재해를 막아 주는 힘 등을 지니고 있다고 믿고 있다. 실제로 2002년 태풍 루사 때 탁본을 소장한 집이나 방은 무사했다는 이야기가 돌기도 했다.

# 경북 안동
# 추월한수정과 탁청정

옛 선비들, 지식인들은 자신의 호號를 따로 정해 사용했다. 그리고 정자나 거처를 마련하면 또한 그 이름을 지었다. 그 명칭은 그들이 지향하는 삶의 목표 등을 드러내는 경우가 많았다. 자신이 사는 곳의 지명을 따서 사용하기도 했다. 후학이나 후손이 이름을 지을 경우는 그 주인공의 삶을 대변할 수 있도록 했다. 호가 정자 이름과 일치하는 경우도 적지 않았다.

안동과 그 주변에는 특히 정자들이 많다. 그중 선비들이 지향했던 바를 알 수 있는 이름의 대표적 정자 두 곳으로 추월한수정과 탁청정을 꼽을 수 있다. 추월한수정秋月寒水亭은 후학들이 퇴계退溪 이황(1501~1570)을 기려 지은 정자이고, 탁청정은 탁청정濯淸亭 김유(1491~1555)가 생전에 지어 수양하던 곳이다. 이 두 정자의 이름에 담긴 뜻을 통해 선비들이 추구했던 삶을 엿볼 수 있다.

## 퇴계 이황의 삶을 표현한 정자 이름 '추월한수정'

추월한수정秋月寒水亭은 퇴계 종택(안동시 도산면 토계리) 경내에 있는 정자다. 종택
사당 앞에 있다. 불천위不遷位(영원히 제사 지내며 기리도록 국가나 유림이 인정한 훌륭
한 인물의 신위) 제사의 제청이나 문중 모임, 예절 교육 등의 장소로 활용되고 있다.

편액 '추월한수정'의 '추월한수秋月寒水'는 말 그대로 가을 달과 차가운 물인데,
성인의 마음을 비유하고 있다. 주자의 〈재거감흥齋居感興〉이라는 시에서 따온
글귀다.

'공손히 생각하니 천 년을 이어온 성인의 마음은恭惟千載心/ 가을 달빛이 차가운 물에 비춤이로다秋月照寒水.'

공자의 도학道學을 다시 이은 주자가 공자의 마음, 즉 옛 성인의 마음이 가을 달빛이 비치는 차고 맑은 물과 같음을 비유하고 있다.

퇴계의 수제자인 학봉鶴峯 김성일은 퇴계에 대해 '선생의 학문은 명백하고 쉽다. 선생의 도는 광명정대하다. 선생의 덕은 온화한 바람이요 상서로운 구름이다. 선생의 마음과 도량은 가을 하늘 밝은 달이며, 탁 트여 보이는 얼음 항아리다.'고 표현했다. '추월한수'의 의미를 좀 더 확실하게 알 수 있는 내용이다. 퇴계의 삶과 학문을 표현하고 있는 정자 이름이라 하겠다.

추월한수정은 1715년 조선 중기 문신이자 학자인 창설재蒼雪齋 권두경(1654~1725)이 퇴계의 도학을 추모해 지었다. 퇴계가 공부하며 자라고 은퇴 후 머문 곳에 지었다. 정자 이름도 그가 명명했다. 그러나 이때 지은 정자는 1907년 일제의 방화로 타 버리고, 그 후 1926년 유림이 정자를 복원하자는 뜻을 모으고 전국의 450여 문중이 성금을 내 2년여에 걸쳐 정자를 비롯해 사당과 종택 본채 등을 중건했다.

성인의 마음을 가을 달빛이 맑고 차가운 물에 비치는 것과 같음을 비유한 글에서 따온 정자 이름 '추월한수정(秋月寒水亭)' 편액. 추월한수정(안동시 도산면 토계리)은 후학들이 퇴계 이황을 기려 지은 정자이고, 편액은 근세 설암체의 대가로 알려진 이동흠의 글씨다.

정자 안에 걸려 있는 '도학연원방道學淵源坊', '산남궐리山南闕里', '해동고정海東考亭', '이운재理韻齋', '완패당玩佩堂' 등 현판 이름도 그가 지었다.

'도학연원방'은 도학의 본산이라는 뜻이다. '산남궐리'와 '해동고정'은 공자가 태어난 곳인 '궐리'와 주자가 공부한 곳인 '고정'이라는 지명을 빌려와 지은 것으로, 추월한수정이 궐리와 고정과 같다는 의미를 담고 있다.

'완패당玩佩堂'의 '완패'는 '나의 패물佩物을 누가 완상玩賞할 것인가.'는 뜻이다. 패물은 마음에 간직한 패물로, 여기서 패물은 퇴계가 연구·발전시킨 도학道學을 의미한다. '완패'는 즉 '퇴계의 도학을 누가 발전시킬 것인가.'는 뜻을 담고 있다 하겠다.

지금의 '추월한수정' 편액 글씨는 근세 설암체의 대가로 이름이 높았던 이고貳顧 이동흠(1881~1967)이 썼다. 추월한수정 대문에 걸린 '퇴계선생구택退溪先生舊宅' 편액 글씨도 그의 것이다. 항일 독립운동가이기도 한 그는 퇴계의 후손이다.

'산남궐리'와 '해동고정'은 해강海岡 김규진 글씨이고, '이운재'와 '완패당'은 해강 제자 홍락섭의 글씨다.

추월한수정의 '도학연원방' 편액.

# 선비의 높은 절개와 맑은 삶에 대한
# 염원을 담은 '탁청정'

영남 지방의 개인 정자로는 가장 웅장하고 아름다운 건물로 알려진 탁청정(안동시 와룡면 오천리) 전경

탁청정濯淸亭은 김유의 정자이다. 당호는 김유의 호에서 따왔고, 편액은 석봉石峯 한호(1543~1605)의 글씨다.

정자는 탁청정 종택(안동시 와룡면 오천리) 내에 있다. 1541년 김유가 건립했다. 원래는 낙동강에 인접한 오천리에 있었으나, 안동댐 수몰로 인해 1974년 현재의 위치로 이건하였다. 김유의 호이자 정자 이름인 탁청정의 '탁청'이라는 말은 초나라 시인이자 정치가이며 충절忠節의 대명사로 인정받는 굴원屈原의 명작 〈어부사漁父辭〉에서 기원한다.

굴원은 삼려대부라는 벼슬을 했다. 초나라 회왕懷王이 그의 능력을 알아보고 중책을 맡겼으나, 주위의 터무니없는 중상모략으로 벼슬에서 물러나야 했다. 이때 나라를 근심하는 마음으로 장편의 서정시인 〈이소離騷〉를 지어, 왕이 그 글을 보고 자신의 잘못을 깨닫기를 바랐다. 시간이 흐른 뒤 굴원은 다시 벼슬길에 올랐으나, 양왕襄王 때 다시 참소를 당해 강남에 유배되었다. 이때 굴원은 〈어부사漁父辭〉를 지어 자신의 뜻을 드러내 보였다. 그리고 초나라가 진나라에 망하자 그는 멱라강에 빠져 자살하고 만다.

〈어부사〉를 보면 두 사람이 등장해 대화를 나누는데, 한 사람은 굴원 자신이고 한 사람은 어부이다.

초췌한 모습으로 못가를 거닐고 있는 굴원에게 어부는 삼려대부를 지낸 분이 어떻게 이런 곳에서 지내느냐고 묻는다. 굴원은 세상이 온통 흐린데 자신 홀로 깨끗하고, 모든 사람이 다 취했는데 홀로 깨어 있어 쫓겨난 것이라고 대답한다. 이에 대해 어부는 왜 같이 어울리지 못하고 고상한 행동을 하다가 추방됐느냐며 나무란다.

굴원은 "새로 머리를 감은 사람은 반드시 갓을 털고, 새로 목욕한 사람은 반드시 옷을 턴다[新沐者必彈冠 新浴者必振衣]."고 하는데 어찌 깨끗한 몸을 더럽힐 수 있겠느냐고 답한다.

이에 어부는 빙그레 웃고는 다음과 같이 노래하고는 떠나 버린다. "창랑의 물이 맑으면 내 갓끈을 씻고, 창랑의 물이 흐리면 내 발을 씻으리라[滄浪之水清兮可以濯吾纓 滄浪之水濁兮可以濯吾足]."

어부의 노래에는 굴원 자신의 지나치게 곧고 맑은 삶의 태도에 대한 비판을 담고 있다. '탁청'은 이 글 '창랑의 물이 맑으면 갓끈을 씻는다.'에서 온 말이다.

탁청정 편액 글씨는 한석봉이 썼다. 정자 편액으로는 보기 드물게 큰 편액이다. 편액은 정자의 마루에 걸려 있는데, 현재의 편액은 복제품이다. 원본은 한국국학진흥원이 보관하고 있다.

이런 뜻이 있는 탁청을 호로 짓고 정자의 이름으로도 사용한 김유는 우리나라 최초의 요리서인 『수운잡방需雲雜方』의 저자이기도 하다. 그는 호에 걸맞게 거지와 같은 사람도 성의를 다해 대했지만, 옳지 못한 사람과는 말도 하지 않을 정도로 올곧았다. 그는 벼슬로 드러나지는 않았지만 평생 독서하고 유유자적하며 지냈다. 퇴계를 비롯해 농암 이현보, 학봉 김성일, 서애 류성룡, 한강 정구 등 당대의 이름난 선비들과도 교유했다. 성품이 호방하고 의협심이 강했던 그는 1525년(중종 20년) 생원시에 합격하였으나 무과에 응시하다 낙방하자 이후 과거를 포기하고는 집 근처에 탁청정을 짓고 선비와 나그네들을 정중하게 대접하며 살았다. 탁청정은 영남 지방에 있는 개인 정자로는 가장 웅장하고 우아한 건물이다.

# '탁청정' 글씨와 관련된 일화

　'탁청정' 편액 글씨를 써달라는 청탁을 받은 석봉은 직접 정자를 찾아온다. 그러고는 빈 편액을 벽에 걸어 놓으라고 했다. 글씨 쓰는 솜씨에 워낙 자신이 있었기 때문이었다. 석봉은 붓에 먹물을 듬뿍 적신 후 사다리 위에 올라가서 '탁濯'자를 쓰기 시작했다.

　그 모습을 지켜보던 문중의 한 어른이 아니꼽게 생각했던지 발로 사다리를 걷어차 버렸다. 보통 사람 같으면 곧장 바닥으로 굴러떨어지고, 글씨는 엉망이 되었을 것이다. 하지만 석봉에게는 그런 일이 일어나지 않았다. '탁'자의 왼쪽 삼수변 둘째 점을 찍는 순간이었는데, 점을 찍는 붓 힘으로 버티며 떨어지지 않았다. 글씨 쓰는데 들어가는 힘이 워낙 강해 붓에 매달리는 형국이 된 것이다.

　무술 영화에나 나올 법한 이야기다. 이런 사연이 담긴 글씨여서 '탁'자의 삼수변 둘째 점이 특히 굵고 힘이 있어 보인다고 한다.

굴원의 글 '창랑의 물이 맑으면 내 갓끈을 씻고, 창랑의 물이 흐리면 내 발을 씻으리라.'에서 따온 정자 이름 '탁청정(濯淸亭)' 편액 원본(한국국학진흥원 제공). 탁청정은 김유의 호이자 정자 이름으로, 편액 글씨는 석봉 한호가 썼다.

왜 이런 이야기가 만들어졌을까. 석봉은 명필로 유명했지만, 한미한 출신으로 오랫동안 글씨 쓰는 벼슬인 사자관寫字官으로 있었기 때문에 타고난 예술적 재질을 발휘하지 못하고 틀에 맞추려는 노력이 앞섰다. 그래서 모든 글씨체에 숙달하기는 했으나 속되다는 평을 듣기도 했다. 그의 글씨는 사후에도 '석봉체'라 불리며 민간에서는 크게 유행했지만, 사대부 집안의 사람들 중에는 그 서체를 공부한 사람이 많지 않았다는 기록도 전한다. 이러한 분위기 속에서 생겨난 이야기가 아닐까 생각된다. 어떻든 그의 남다른 필력을 말해 주고 있는 일화라 하겠다.

석봉의 글씨 편액은 곳곳에 많이 남아 있다. 퇴계와 관련된 것으로 퇴계가 태어난 방(퇴계 태실)이 있는 안동 노송정 종택의 정자 '노송정老松亭'의 편액이 그의 글씨다. 노송정은 퇴계의 조부인 이계양(1424~1488)의 호이기도 하다.

# 경북 봉화 청암정
## 청암수석

봉화 닭실마을에는 문수산 자락 끝에 울창한 솔숲을 배경으로 옛 한옥들이 자리 잡고 있다. 마을 앞은 들판이 펼쳐져 있고, 하천이 마을과 들을 두르며 흘러 계곡으로 이어진다.

조선 중기 실학자인 이중환이 『택리지』에서 영남의 대표적 길지吉地로 꼽은 닭실[酉谷]마을은 풍수 명당으로서도 명성이 높았던 지역이다. 닭실이라는 명칭은 금빛 닭이 알을 품고 있는 금계포란형金鷄抱卵形의 지형이라고 해서 붙여졌다. 『택리지』에서는 이곳 닭실마을과 경주의 양동마을, 안동의 내앞마을 및 하회마을을 3남(충청도·전라도·경상도)의 4대 길지로 꼽았다.

이 닭실마을을 대표하는 건축물이 청암정靑巖亭이다. 청암정은 기묘사화로 파직당한 후 닭실로 들어가 정착한 충재冲齋 권벌(1478~1548)이 창건한 정자다. 바위 위에 정자를 앉히고 그 주위를 연못으로 만든 청암정은 우리나라의 대표적 정자 중 하나로, 사계절 아름다운 경치를 선사한다.

조선 중기 문신인 충재 권벌이 1526년에 건립한 청암정(경북 봉화군 봉화읍 유곡리).
미수 허목은 이 정자의 아름다움에 대한 소문을 누차 듣고 직접 찾아보고 싶었으나 결국 못 가보고,
그 아쉬운 마음을 담아 별세 시를 전에 편액 글씨 '청암수석'을 써 보냈다.

# 미수 허목이 별세 3일 전에 쓴 '청암수석'

이 청암정에 오르면 눈에 가장 먼저 들어오는 것이 '청암수석靑巖水石' 편액이다. 특이한 전서 글씨로 된 것이어서 무엇을 의미하는지 모르는 이도 있겠지만, 글씨 자체만으로도 눈길을 끌 만한 편액이다. '미수전眉叟篆'으로 유명한 미수眉叟 허목(1595~1682)의 글씨 편액이다.

이 글씨는 미수가 청암정이 아름답다는 소문을 여러 번 듣고는 한 번 찾아가 보려고 했으나 결국 가 보지 못하고, 별세하기 사흘 전에 그 마음을 담아 써 준 작품이다. 각별한 사연이 담긴 작품인 것이다.

미수는 '권충정공은 후덕厚德과 대절大節로 유림 학사들이 존경하고 사모하지 않는 이가 없다.'고 평할 정도로 충재의 인품을 존경했음은 물론, 청암정의 풍광이 각별히 아름답다는 이야기를 듣고는 꼭 한번 가보려는 마음을 가졌으나 실천하지 못했다.

별세한 해인 88세 때 초여름, 미수는 너무 연로해 도저히 봉화까지는 갈 수 없는 처지였기에 청암정에 대한 마음을 담은 대자大字 '청암수석' 글씨를 정성 들여 쓰게 된다. 충재 종가에서 원래는 미수에게 사람을 보내 청암정 기문을 써 줄

미수 허목의 글씨 '청암수석(靑巖水石)'
원본(위)과 정자에 걸린 편액.
원본 편액은 충재박물관에 보관돼 있다.

것을 부탁했다. 그러나 미수는 기문 대신 편액 글씨 '청암수석'을 자신의 특별한
서체인 '미수전'으로 써서 주며, 편액을 만들어 정자 안에 가장 위치가 좋은 곳에
걸어줄 것을 요청했다. 미수는 그 글씨를 써 준 후 바로 병석에 눕게 되고, 사흘
후 별세한다.

이 '청암수석' 글씨 원본이 아직도 전하고 있고, 청암정 뒤 충재박물관에 전시되
고 있다. 한편 현재 정자에 걸려 있는 '청암수석' 편액은 근래 새로 만든 것이고,
편액 원본도 박물관에 보관돼 있다.

미수는 전서로 '청암수석' 네 글자를 쓴 뒤 그 옆에 작은 해서로 다음과 같이 써
놓았다.

"청암정은 춘양 권충정공의 산수에 있는 옛집이다. 골짜기 수석이 가장 아름다
워 절경으로 칭송되고 있다. 내 나이 늙고 길이 멀어 한번 그 수석 간에 노닐지는
못하지만, 항상 그곳의 높은 벼랑 맑은 시내를 그리워하고 있다. 특별히 청암수

석 네 글자를 큰 글씨로 써 보내니 이 또한 선현을 사모하는 마음 때문이다. 그래서 이 사실을 기록해 둔다. 8년 초여름 상완에 태령 노인 쓰다.[靑岩亭者 春陽權 忠定公山水舊墻 洞壑水石最佳稱絶景 僕年老路遠 不得一遊其間 懷想常在高壁淸溪 特書靑岩水石 四大字 亦慕賢之心也 識之 八年孟夏上浣台嶺老人書]" 8년은 숙종 8년으로 1862년이다.

2011년에는 미수의 13세 종손이 미수의 마지막 작품인 이 '청암수석' 글씨를 보기 위해 청암정을 찾았다. 그는 글씨 앞에 서더니 한참 말없이 있다가 자리를 가져다 달라고 부탁했다. 자리를 가져오자 종손은 자리를 편 후 글씨를 향해 절을 하며 감격의 눈물을 흘렸다.

그 종손은 그동안 미수의 절필絶筆인 이 작품이 경북 어디엔가 있다는 소문을 들었으나 구체적으로 어디에 있는지 몰랐다. 그러다가 2011년 가을 그의 친구가 청암정에 들렀다가 미수의 절필이라는 설명을 듣고는 종손에게 연락했고, 이야기를 들은 종손이 청암정으로 바로 달려와 확인한 것이다. 문화관광해설사로 활동하고 있는 충재의 후손 권율 씨가 전하는 이야기다.

'청암정' 편액. 매암(梅庵) 조식(曺湜, 1526~1572)의 글씨다.
남명 조식으로 잘못 알려진 경우가 적지 않다.

정자에는 '청암수석'과 함께 '청암정' 편액이 걸려 있다. 해서로 쓴 '청암정'은 매암梅庵 조식曺湜(1526~1572)이 썼다. 그동안 누구 글씨인지 정확히 모르다가 2008년에 도난 방지를 위해 청암정과 근처 석천정사石泉精舍(충재의 아들 청암 권동보가 충재의 뜻을 받들어 1535년에 건립)의 현판 30여 개를 모두 철거해 유물관에 보관하는 과정에서, 편액 뒤를 보니 필자의 이름이 적혀 있었던 것이다. 매암은 필력이 뛰어나 당대에 이름이 높았던 인물로, 그로부터 편액 글씨를 받은 선비들이 적지 않았다.


## 거북바위 위에 지은 청암정


충재는 1518년 6월 임금(중종)에게 다음과 같이 아뢰었다. "임금이 그 자리를 공기公器로 여긴다면 그 용심用心은 두루 미쳐서 백성에게 은혜를 입힐 수 있지만, 만약 천하를 자신의 소유물로 여긴다면 사사로운 일만을 생각하고 또 욕심이 일어나게 되어 자신을 위하고 욕심을 채우는 일만 하게 됩니다. … 말세의 임금들은 그 지위를 자신의 사물私物로 여긴 나머지 조금만 급박한 일이 있을 것 같으면 사람들을 모조리 죽여 없앴는데, 이는 모두 그 사심에서 나오는 것입니다."

강직한 문신으로 이름을 떨쳤던 그는 공公을 생각한다면 어떤 사안이라도 군주에게 말해야 하고, 옳다고 생각한 바를 꾸밈없이 말하는 것을 공이라고 생각했다. 이런 인물인 충재는 기묘사화(1519년)로 파직당한 뒤 고향으로 돌아와

1526년 봄 독서당으로 세 칸(두 칸은 온돌방, 한 칸은 마루)짜리 '충재'를 지었고, 같은 해에 그 서쪽 옆 거북처럼 생긴 바위 위에 정자를 완공했다. 정자를 처음 지었을 때는 온돌방을 넣고 이름도 '구암정사龜巖精舍'로 했다.

그런데 온돌방에 불을 넣자 바위가 소리 내며 울어 괴이하게 생각했다. 그러던 차에 한 스님이 들러 이야기를 듣고는 이 바위는 '거북'이라서 방에다 불을 지피는 것은 거북이 등에다 불을 놓는 것과 마찬가지이므로 바위가 우는 소리를 낸다고 했다. 그래서 다시 아궁이를 막고 바위 주변을 파내어 못을 만들었더니 괜찮아졌다는 이야기가 전한다. 충재는 후일 다시 벼슬길로 들어섰으나 죽음은 결국 유배지에서 맞이했다.

정자의 이름인 '구암정사'는 후일 '청암정'으로 바뀌는데, 청암은 충재의 큰아들 권동보(1517~1591)의 호이다.

청암정은 커다랗고 넓적한 거북바위 위에 올려 지은 정丁자형 건물이다. 주위를 감싸고 있는 연못의 돌다리를 지나 정자에 오르면 사방이 툭 터진 풍광이 홀연히 다가와 시원한 기분과 함께 호연지기를 느끼게 한다. 연못 주위에는 소나무·향나무·느티나무·단풍·철쭉·국화가 어우러져 멋진 자연의 세계를 만끽할 수 있다. 이중환은 청암정의 경치를 두고 "정자는 못 복판 큰 돌 위에 있어 섬과 같으며, 사방은 냇물이 고리처럼 둘러 제법 아늑한 경치가 있다."고 했다.

이곳 청암정 난간에 걸터앉으면 가까이는 '충재' 건물의 자태가 오롯이 보이고, 멀리로는 들판과 함께 석천정사가 자리한 남산과 그 주변 풍광이 한눈에 들어온다.

# 미수가 창안한 전서 '미수전'

우의정까지 올랐던 문신이자 학자인 미수 허목은 남인의 핵심 인물로 활동하며 당시 정계와 사상계를 이끌었다. 원시 유학을 특히 강조했던 미수는 글씨에도 뛰어났다. 그는 특히 독특한 전서를 개발, 서예사에 한 획을 그은 인물이기도 하다.

"나는 어려서부터 고문을 좋아해 늙어 죽을 때까지 내 손에 입수되는 대로 이를 기록해 두었다가『고문운율古文韻律』네 편을 만들었다."

미수가 지은, 고문자를 운율의 순서에 따라 필사·편집한 전서체 집篆書體集인『고문운율』서문에 기록한 내용이다. 이처럼 평생 방대한 고전古篆과 선진고문先秦古文을 수집하고, 이를 다시 체계적으로 정리한 그는 부단한 연구·노력을 통해 스스로 독창적인 전서를 창안했다.

독특한 전서인 '미수전'을 창안해 남긴 미수 허목의 초상.

이렇게 해서 만든 미수의 전서인 '미수전眉叟篆', 또는 '미전眉篆'의 세계는 고풍스러운데다 독특하고 기절奇絶한 고박미古撲美를 풍기는 것이 두드러진 특징이다.

그러나 당쟁이 극심하던 시대여서 미수의 글씨에 대한 평가는 양극단으로 나뉘었다. 후세에도 마찬가지였다. 노론 측 평가는 무자비한 것이었고, 그의 작품이 때로는 파괴 또는 소각되는 수난을 당하기도 했다. 서인들은 필법의 근거가 불확실하다는 점을 들어 처음부터 미전의 가치를 부정했다.

이에 반해 미수의 적통인 근기 남인들은 필법적인 요소보다 미전이 내포하는 상징적 의미에 더 중점을 두었다. 그들은 노론의 정권으로 인해 당대를 지배한 '화이론'을 극복하는 조선 왕실의 주체성을 의미하는 것으로 간주했다.

미전의 아쉬운 점으로 그 연원을 정확히 알 수가 없다는 점이 지적되고 있다. 그 근거를 남기지 않았기 때문이다.

# 강원 강릉 선교장
# 활래정

　아름다운 정자로 소문난 강릉의 활래정活來亭. 조선 후기의 명문가 고택인 '선교장船橋莊'에 있는 정자다. 선교장 본채 뒤를 둘러싼, 나지막한 산에 펼쳐진 멋진 노송 숲과 정자, 정자 앞의 넓은 연못이 어우러져, 보기 드물게 아름다운 풍광을 선사하고 있다. 이곳은 주인의 넉넉한 인심에다 뛰어난 풍광 덕분에 고관이나 시인 묵객들이 끊임없이 드나들던 명소였다.

　특히 지리 환경 덕분에 금강산과 관동팔경을 구경하려는 시인 묵객들이 많이 드나들며 교류하던 공간이었다. 그런 사람들이 하도 많이 드나들어 선교장 행랑채에는 서화를 표구하는 장인과 환자를 돌보는 의원이 상주했을 때도 있었다.

　추사 김정희, 흥선대원군 이하응 등 많은 유명 인사들도 이곳에 드나들며 휘호를 남겼다. 일제강점기 때는 김구 선생이 독립운동 자금을 모집하기 위해 선교장을 찾았고, 최근에는 평창 동계 올림픽 개최지 선정을 위해 내한한 국제올림픽위원회IOC 위원들을 위한 차회茶會가 활래정에서 열리기도 했다.

이랬던 공간인 만큼, 활래정에 올라 보면 처마나 기둥에 남는 공간을 찾기 어려울 정도로 편액과 주련이 가득 걸려 있다. 특히 사방 처마 곳곳에 다양한 '활래정' 편액이 여섯 개나 걸려 있어 눈길을 끈다.

주인의 넉넉한 인심 덕분에 조선 후기 수많은 시인 묵객들이 부담 없이 드나들며 교유하던 활래정 모습.
건물 처마 사방에 '활래정' 편액이 여섯 개나 걸려 있다.

## 여섯 개나 걸린 '활래정' 편액

대관령에서 뻗은 산줄기가 낮아지고 부드러워진 능선이 선교장 뒤편을 두르며 '청룡'과 '백호'를 이룬다. 활래정은 그 청룡 끝에 자리 잡고 있고, 정자 앞에는 넓은 연못이 펼쳐진다. 'ㄱ'자 형태인 정자 건물의 반이 연못에 뿌리박은 돌기둥 위에 세워져 한층 더 운치가 있다.

연못가를 지나 활래정으로 들어가는 작은 문이 나타나는 곳에, '월하문月下門'이라는 편액이 걸려 있다. 그리고 편액 아래 양 기둥에 두 개의 주련이 걸려 있다. 당나라 시인 가도賈島가 읊은 시다. "새는 못가의 나무에서 잠자고 鳥宿池邊樹/ 스님은 달 아래 문을 두드린다 僧敲月下門."

월하문에 걸린 이 시구의 의미는 '늦은 저녁 선교장을 찾았다면 망설이지 말고 이 월하문을 두드리십시오. 반갑게 맞이하겠습니다.'는 뜻이라고 한다.

해강 김규진(위)과 규원 정병조의 '활래정(아래)' 편액.

왼쪽 두 편액은 규원 정병조의 편액.
오른쪽 위는 성당 김돈희, 아래는 성재 김태석의 편액이다.

월하문을 통과하면 바로 활래정을 눈앞에 마주하게 된다. 이 자리에서 보이는 '활래정' 편액은 흰 바탕에 금색 행서行書로 돼 있는데, 규원葵園 정병조(1863~1945)의 글씨다. 동궁東宮(세자가 머물던 궁) 시종관侍從官을 지낸 학자로, 시문에 조예가 깊었으며 서예에도 능했다. 특히 행서와 초서에 뛰어났다.

그 옆면에는 해강海岡 김규진(1868~1933)의 예서체 글씨 '활래정'이 걸려 있다. 흰 바탕에 초록색 글씨다. 해강은 당대를 대표하는 서화가였다. 귀퉁이를 돌아가면 합죽선 모양의 '활래정' 편액이 눈에 들어온다. 규원의 작품으로, 쪽빛 바탕에 흰색 행서 글씨다.

연못 쪽 처마에도 세 개의 '활래정' 편액이 걸려 있다. 성당惺堂 김돈희(1871~

1937)와 성재惺齋 김태석(1875~1953)의 글씨와 함께, 규원 정병조의 글씨가 하나 더 있다. 성당의 글씨 편액이 가장 크다. 성당 김돈희는 당대의 대표적 서예가이고, 성재 김태석 역시 유명한 서예가로 전서·예서·해서와 전각에 뛰어났다. 일찍부터 협기俠氣와 풍류로 알려진 성재는 중국에 갔을 때 위안스카이袁世凱의 옥새玉璽를 새겼고, 그의 서예 고문을 지내기도 했다. 합천 해인사의 '자통홍제존자사명대사비慈通弘濟尊者四溟大師碑' 등 많은 비명을 남겼다.

추사 김정희(1786~1856)도 만년에 이곳에 들러 '홍엽산거紅葉山居'라는 작품을 남겼다. 이 작품은 편액으로 만들어져 전해 오는데, 지금은 선교장 민속박물관에 전시되고 있다. 흥선대원군이 와서 남긴 대련對聯 작품도 함께 전시되고 있다.

주련은 모두 명필 농천農泉 이병희의 글씨다. 행서와 초서에 능했으며 수많은 고택과 사찰의 주련을 썼다. 역사학자 이병도의 형이다.

추사 김정희가 활래정에 들러 남긴 글씨 편액 '홍엽산거(紅葉山居)'.

# '활래'의 의미는

주자朱子의 시 〈관서유감觀書有感〉 중 한 부분이다.

"조그만 네모 연못이 거울처럼 열리니 半畝方塘一鑑開/ 하늘빛과 구름 그림자 그 안에 떠 있네 天光雲影共徘徊./ 이 연못이 이리 맑은 까닭은 무엇인가 問渠那得淸如 許./ 샘이 있어 맑은 물이 솟아 나오기 때문이지 爲有源頭活水來."

활래정의 '활래'라는 명칭은 이 시의 마지막 구절 '위유원두활수래爲有源頭活水來'에서 따온 것이다. 활래정은 실제 서쪽 태장봉에서 끊임없이 흘러내리는 맑은 물이 정자 앞의 연못으로 들어오고 그 물은 다시 경포호로 빠져나가는 구조다.

운석雲石 조인영(1782~1850)이 지은 활래정 기문記文을 통해 그 의미를 더 잘 엿볼 수 있다.

"… 옛날 내가 금강산에서 돌아오는 길에 호수를 지나는데 백겸伯兼(활래정을 지은 이후)과 만나 술병을 쥐고 달밤에 배를 띄웠다. 이어서 선교장을 방문하고 즐겁게 놀았다. 매번 여기에 집터를 정하고 동도주인東道主人(손님의 시중을 들거나 길을 안내하는 주인)이 될 것을 기약하였다. 비록 세상의 흙먼지 속에 출몰하느라 스스로 이루지는 못했지만, 언제나 호수와 바다 사이에서 살고 싶다는 생각뿐이었다. 금년 가을 백겸이 와서 말했다.

'선교장 옆에 둑을 쌓아 물을 가두어 전당연錢塘蓮(중국 명나라 난징의 전당지錢塘 池에 있던 연蓮으로, 강희맹이 조선에 들여와 재배에 성공한 후 점차 전국에 퍼졌다고 함)을 심고 그 위에 정자를 지은 뒤, 주자의 시 구절인 '활수래活水來'에서 '활래'를 가져와 편액 이름으로 하였네. 아침저녁으로 산책하며 스스로 즐거워하는데, 내가 사는 곳은 그대도 감상한 적이 있으니 나를 위해 기문을 짓지 않겠는가?'

내가 말했다. '주자는 마음을 물에 비유하였는데 물은 본디 허경虛境일세. 지금 그대는 참으로 이렇게 맑고 잔잔한 물을 활력 있는 물이라고 하는가? 물이라 이름 붙인 것은 모두 활력 있는 것일세. … 그러나 사람의 마음은 본디 활력이 있으나 활력이 없음을 근심하는 것은 외물이 누를 끼치기 때문이네. 벼슬하는 사람은 총애를 잃을까 근심하고, 서민은 이익을 쫓아다니고, 선비는 옷과 음식을 마련하고 배와 수레를 탈 만한 돈이 없지. 백겸은 그렇지 않네. 거듭 춘관春官에 올라 비록 합격하지 못해도 태평하게 마음에 두지 않았네. 낙토에서 살며 명소에 자리 잡아 이미 스스로 쇄락灑落하여 구애받을 것이 없네. 그래서 영동의 여러 명승을 마음껏 유람하고는 높은 산과 큰 바다도 도리어 싫증이 나자, 여기 이 정자에 자취를 거두고 기심機心(꾀를 부리는 마음)을 없애 자기 마음에 활력을 부치기를 원한 것이라네. 그러니 마음에 맞는 곳이 멀리 있지 않으며, 작은 연못의 조그만 물도 호수와 바다가 될 수 있다네.

꽃나무가 햇빛을 가리고 삼단이 어지럽게 늘어서며, 우거진 갈대에 맑은 이슬이 내리고 물고기와 새가 사람을 가까이하는 풍경이 곧 구경거리가 되겠지만 아직은 글로 적지 않으니, 잠시 내가 다시 동해 바닷가에 놀러 올 날을 기다리게."

# 메디치 가에 비견되기도 하는 선교장

오죽헌과 경포대 중간쯤에 위치한 선교장(강릉시 운정동)은 세종대왕의 둘째 형인 효령대군의 11대손 이내번李乃蕃(1708~1781)이 300년 전에 터를 잡은 이래, 후손들이 100년에 걸쳐 증축했다. 본체만 102칸이나 되는 대규모 주택이다.

경포호가 지금보다 훨씬 넓었을 때 집 앞에서 배를 타고 건너다녔다고 해서 '배다리집'으로도 불리는 선교장船橋莊에 들어서면 맨 먼저 연못 위의 정자 활래정이 반긴다.

선교장 대문에 걸린 '선교유거(仙嶠幽居)' 편액.
흥선대원군이 '천재'라며 극찬한 서화가 소남(少南) 이희수(1836~1909)의 글씨다.

　　강릉 해변에서 염전을 일구고 소금을 팔아 부를 축적한 이내번은 영동 일대를 개간해 대농장을 만들어 농민들에게 제공했다. 남쪽으로는 삼척과 동해, 북쪽으로는 속초와 양양, 서쪽으로는 횡성과 평창까지 선교장의 농토였다고 한다. 추수한 곡식을 보관하던 창고가 영동 일대에 다섯 군데나 있었다고 한다. 여느 고택과 달리 집 이름에 '당堂'이나 '각閣' 대신 '장莊'을 붙인 것도 독립 영지를 가진 유럽의 귀족처럼 자급자족 경제 시스템을 갖춘 장원莊園을 형성했기 때문이다.

　　하지만 선교장의 주인들은 단순히 부를 축적만 한 것이 아니라, 경주 최부잣집처럼 나눔과 상생의 삶을 추구해 농민들로부터 존경을 받았다. 1894년 갑오농민전쟁 때 선교장을 공격한 농민군을 물리친 세력이 선교장을 중심으로 경제권을 형성한 소농들이었다는 사실이 이를 증명한다. 대를 이어 노블레스 오블리주를 실천한 선교장은 이탈리아의 메디치 가家에 비견되기도 한다.

　　활래정은 오은鰲隱 거사 이후가 1816년에 세운 것이며, 현재의 건물은 이후의 증손인 경농鏡農 이근우(1877~1938)가 중건했다.

경남 진주

# 촉석루

진주 남강 바위 벼랑 위에 자리하고 있는 촉석루矗石樓(진주시 본성동)는 전쟁이 일어나면 진주성을 지키는 지휘 본부였고, 평화로운 시절에는 과거를 치르는 등의 장소로 사용되었다. 그래서 남장대南將臺 또는 장원루壯元樓로도 불리었다. 지금도 누각 처마의 '촉석루矗石樓'라는 편액과 함께 '남장대南將臺'라는 편액이 누각 안에 걸려 있다.

촉석루는 고려 공민왕 때(1365년) 처음 건립되었다. 그 후 1379년에 왜구가 불태운 것을 1413년, 진주 출신으로 영의정까지 지낸 하륜河崙이 제안하고 당시 진주 목사 등이 주선하여 주민들의 힘을 모아 재건했다. 그 후 여러 차례 중수하여 1948년에는 국보로 지정되기도 했으나 한국전쟁으로 불타 버렸고, 1960년에 다시 지었다. 이 촉석루에서는 진주 출신 근대 명필들의 글씨 편액을 만날 수 있다.

전쟁이 일어나면 진주성을 지키는 지휘 본부로,
평화로운 시절에는 과거를 치르는 장소 등으로 사용되던 촉석루(진주시 본성동).

## 조윤형·정현복의 '촉석루', 정명수의 '남장대' 편액

촉석루에는 누각 앞 뒤 처마에 '촉석루矗石樓' 편액이 하나씩 걸려 있고, 누각 마루에 오르면 누각 안쪽에 '남장대南將臺'와 '영남제일 형승嶺南第一形勝' 편액이 걸려 있다.

강 쪽의 '촉석루矗石樓' 편액 글씨는 유당惟堂 정현복(1909~1973) 의 작품이고, 반대편 '촉석루矗石樓' 편액은 송하松下 조윤형(1725~ 1799) 글씨다.

송하는 원교圓嶠 이광사에게 글씨를 배웠으며 여러 가지 서체의 글씨에 능했다. 그중에서도 획법이 굳세고 예스러운 해서, 원교를 본받은 초서를 특히 잘 썼다. 글씨로 벼슬을 할 만큼 당대 명필로 이름이 높았던 송하는 당시 공관의 금석金石과 편액의 글씨를 도맡 아 썼다고 한다. 사찰 편액으로는 공주 마곡사 '심검당尋劍堂', 김 천 직지사 '황악산 직지사黃嶽山 直指寺' 편액 등이 남아 있다. 정조 임금의 총애를 받았던 그는 '그림에 정선과 김홍도가 있다면 글씨 에는 조윤형이 있다.'는 말도 들었다.

진주에서 활동한 유당 정현복은 서예는 물론, 소리와 북 연주에 도 일가를 이룬 인물이다. 합천 출신으로 어린 시절 한학과 붓글씨 를 배운 그는 일찍이 진주로 이주하여 활동했다. 본격적으로 서예

촉석루 앞뒤 처마에 걸린 '촉석루' 편액. 당대의 명필 송하 조윤형(위)과 유당 정현복의 글씨다.

활동을 한 것은 30세 이후이고, 천석 재산을 서예를 위해 다 쓸 정도로 붓글씨에 정성을 쏟았다고 한다. 그는 또 아무에게나 작품을 주지 않은 것으로 유명했던 모양이다. 자신의 집에 기생들이 많이 출입했지만 그들이 한 장도 가져가지 못하게 했다고 한다.

두주불사斗酒不辭하는 호방함과 거침없는 성격이 글씨에 그대로 드러나는 그의 행서는 머뭇거림이나 꾸밈이 없는, 특유의 흐름을 보여 준다. 특히 횡행서橫行書에는 타의 추종을 불허하는 경지에 이르렀다는 평을 듣기도 했다.

'촉석루'는 유당이 50세 때 쓴 작품이다. 이 편액은 원래 이승만 전 대통령의 글씨로 만들었으나, 민주당이 집권하면서 그 글씨를 깎아 내고 유당의 글씨를 새로 새겼다고 한다. 유당은 이 작품 하나를 건지기 위해 500장을 썼다고 한다.

유암有菴 이후림(1893~1972)이 만년에 강학한 곳인, 경남 사천(곤명면 은사리)의 '은구재隱求齋' 편액 글씨도 그의 작품인데, 이것도 200장을 써서 그중에 하나를 골라 준 것이라고 한다.

'남장대'는 은초隱樵 정명수(1909~2001)의 글씨다. 그는 진주에서 태어나 부친이 건립한 '비봉루飛鳳樓'의 현판을 쓰기 위해 서예에 입문했다 한다. 평생을 서예에 매진하면서 진주를 벗어나지 않고 작품 활동과 후진 양성에만 진력하였으며, 부친이 건립한 비봉루에서 활동하다가 별세했다. 서예에 입문해서 진주의 비봉산 자락의 의곡사에 머물고 있던 추사체의 대가 성파星坡 하동주(1865~1943)에게 체계적으로 서예를 배워 그 맥을 이었다. 내고乃古 박생광, 풍곡豊谷 성재휴, 운전芸田 허민, 유당惟堂 정현복, 청남菁南 오제봉 등과 교유하면서 진주미술협회와 영남예술제 창립에도 기여했다. 만년에는 추사체 특유의 강건함과 자신의 부드러움을 잘 융화시킨 독창적인 서체를 개발, 튼실하면서도 부드러운 서체를 구사했다. 진주성의 진남루(북장대)에 걸린 '진남루鎭南樓' 편액도 그의 글씨다.

'영남제일형승'은 청남 오제봉(1908~1991)의 글씨다. 김천 출신의 청남은 출가후 서예에 정진, 일가를 이루었다. 경상남도 진주시 상봉동에 있는 의곡사의 주

유당 정현복이 200장을 쓴 것 중에서 하나를 골라 뽑은 작품이라는 '은구재' 편액.
촉석루 안에 걸린 '남장대' 편액. 은초 정명수의 글씨다.

촉석루 안에 걸린 '영남제일형승' 편액.
청남 오제봉의 글씨다.

지로서 시인 · 화가 · 서예인 등 예술가들에게 무료로 숙식을 제공하는 등 향토 예술인 양성과 후원에 남다른 노력을 아끼지 않았다. 만년에는 부산으로 옮겨 서예실을 운영하다가 그곳에서 사망했다.

## 하륜의 촉석루기矗石樓記

'촉석루'라는 이름은 남강 가운데 뾰족한 돌들이 많이 있던 때문이라고 한다. 하륜이 지은 「촉석루기」에 나오는 내용이다.

"누각을 짓고 운영하는 것은 다스리는 자의 여가 활용일 따름이다. 그러나 누각의 건립이나 황폐화는 한 고을의 인심을 알게 하고, 고을 인심으로 한 시대의 세도世道(세상 다스리는 도리)를 알 수 있다. 그러니 어찌 하찮은 일이라 함부로 여기겠는가. 내가 이런 말을 한 지가 오래되었는데, 지금 우리 고을 촉석루를 보며 더욱 확신하게 되었다. 누각은 용두사龍頭寺 남쪽 돌벼랑 위에 있는데, 내가 소년 때 여러 번 올랐던 곳이다. 누각의 규모가 크고 높으며 확 트여 있다. 마을의 뽕나무와 대나무가 그 사이에 은은하게 비치고, 푸른 석벽에 긴 모래톱이 길게 잇닿아 있다. 사람의 기상이 맑고 풍속이 온후하여 농부와 누에를 기르는 아낙네는 부지런하고, 아들과 손자는 효도에 힘을 다한다. 새들은 울고 날며, 물고기와 자라가 헤엄치고 자맥질하며 즐기는 것까지도 모두 볼 만하다.

누각 이름을 지은 뜻에 대해 담암談庵(백문보) 선생은 '강 가운데 뽀족뾰족한 돌들이 있는 까닭으로 누각 이름을 촉석이라 한다.'고 했다. 이 누각은 김공金公이 짓기 시작하고, 안상헌安常軒이 두 번째로 완성했는데 모두 과거에 장원한 분들이라서 또 장원루壯元樓라는 명칭도 있다.

… 머리 희끗한 늙은이가 술잔을 주고받으며 '오늘날 우리 눈으로 태평세월을 볼 줄을 생각이나 했는가.'며 새 왕조의 선정을 경축하고 있다. 그러나 임금의 마음은 '나의 다스림이 아직 흡족하지 못하다.' 하시며 매양 교지를 내려 백성의 노역을 엄금하므로, 수령으로서는 농사와 학교에 관한 일 외에는 감히 한 가지 역사도 마음대로 일으키지 못했다. 이런 가운데 고을의 나이 많은 어른인 전 판사 강순姜順, 전 사간 최복린崔卜麟 등이 의논하기를, …촉석루가 황폐한 지 오래되었으나 중건하지 못했으니 이는 우리 고을 사람들의 책임이라며 누각 중건을 제안했다. 이에 각자 재물을 추렴하고 용두사 주지 단영端永에게 그 일을 주관하게 했다. 나는 이것을 임금께도 들리게 해 이를 금지하지 말라는 지시를 내리니, 그때가 임진년(1412년) 12월이었다."

하륜은 이어 이듬해 강둑을 쌓고 누각을 완공한 일 등을 적은 후 마을 어른들이 기문을 지어 남길 것을 요청한 사실을 언급했다. 그러고 나서 누각이 주는 의미를 이야기하며 다음과 같이 기문을 마무리했다.

"나도 벼슬을 그만 둘 날이 이미 가까우니, 필마로 시골에 돌아와서 여러 마을 노인들과 함께 좋은 시절 좋은 날에 이 누각에서 술잔을 들고 시를 읊조리고 함께 즐기면서 여생을 마치고자 하니, 노인들은 기다려 주시기 바랍니다."

# '촉석루 삼장사三壯士' 이야기

촉석루 입구에 임진왜란 때 공을 세운 세 명의 관리를 기리기 위해 세운 비석 '촉석루중삼장사기실비矗石樓中三壯士記實碑'가 있다. 그 주인공인 김성일金誠一 (1538~1593), 조종도趙宗道(1537~1597), 이로李魯(1544~1598)를 기리기 위해 세운 비이다. '촉석루 삼장사'는 김성일이 촉석루에 올라 지은 시에 나오는 구절이다.

비문은 1960년 김황金榥(1896~1978)이 지었다.

"선조 임진년 5월에 문충공 학봉 김성일은 영남 초유사로 진양성에 도착해 충의공忠毅公 대소헌大笑軒 조종도, 정의공貞義公 송암松巖 이로와 함께 촉석루에 오른다. 당시는 왜란으로 강토에 선지피가 낭자하던 때였으니, 벼슬아치는 모두 달아나고 군사와 백성은 흩어졌다. 성 안은 텅 비어 쓸쓸하고, 강물만 옛날처럼 아득히 흐른다. 멀리 눈을 들어 조국 산하를 바라보니, 오직 슬프고 분함에 마음 저려 조공과 이공은 초유사 김공의 손을 잡고 '삶이 욕되도다. 차라리 강물에 몸을 던져 한을 씻자.'고 했으나, 학봉은 '그것은 잠시 괴로움을 잊는 일일 뿐이고 한은 천추에 씻지 못할 것이다. 한 번뿐인 장부의 죽음을 어찌 허술히 하겠는가. 여기 푸른 물굽이가 아직 뜻이 있어 흐르거늘 남은 목숨은 원수 앞에 더욱 질길 것이니, 이 유서 깊은 터전을 지켜 나라 은혜를 갚으리라.'고 말했다. 그러고 나서 분연히 맹세하며 술 한 잔 높이 들고 시 한 수를 읊었다. '촉석루의 삼장사는/ 잔 들고 웃으며 강물 바라보니/ 강물은 도도하게 흘러가네./ 강물 마르지 않듯 우리 넋도 영원하리.'

이 시는 뒤에 부임한 순찰사가 새겨 높이 현판으로 달았으니, 이로써 이 사실이 세상에 널리 알려져 후인들이 촉석루 삼장사라 일컬었다. 세 현자의 자세한 내력은 각기 그 문집과 역사 기록에 남았으니, 여기 다만 이 한 가지 사실만 돌에 새기고 촉석루 곁에 세워 지나는 나그네로 하여금 발을 멈추게 하니, 때는 임진년으로부터 삼백예순아홉 해가 지난 뒤의 일이다."

# 전남 담양
# 식영정, 제월당

담양의 대표적 정자인 식영정(담양군 남면 지곡리). 이 정자는 서하당棲霞堂 김성원(1525~1597)이 1560년 장인이자 스승인 석천石川 임억령(1496~1568)을 위해 건립했다. '그림자가 쉬는 정자'라는 의미의 '식영정息影亭'이라는 이름은 석천이 지었다.

식영정 옆에는 김성원이 자신의 호와 같은 이름의 정자 '서하당'을 세웠는데, 없어졌다가 최근 복원됐다. 김성원의 행장行狀을 보면 그의 나이 36세 되는 해인 1560년에 식영정과 서하당을 건립했음을 알 수 있다.

송강松江 정철(1536~1593)의 〈성산별곡星山別曲〉 등, 가사문학歌辭文學의 산실이자 무대이기도 한 식영정은 환벽당環碧堂, 송강정松江亭과 함께 정송강鄭松江 유적으로도 불린다. 서하당 김성원은 송강의 외척으로 송강보다 11년 연상이었으나, 송강이 이곳 성산에 와 있을 때 환벽당에서 같이 공부하던 동문이기도 하다.

당시 사람들은 석천 임억령, 서하당 김성원, 제봉霽峯 고경명, 송강 정철을 '식

서하당 김성원이 자신의 장인이자 스승인 석천 임억령을 위해 지은 식영정.

식영정에 걸린 전서 글씨 편액 '식영정(息影亭)'.

영정 사선(四仙)'이라 불렀다. 이들은 성산의 명소 스무 곳을 선정해 각각 스무 수씩 모두 여든 수의 〈식영정이십영息影亭二十詠〉을 지었다. 이 〈식영정이십영〉은 후에 〈성산별곡〉의 밑바탕이 되었다.

# 그림자도 없는 곳이기에 '식영'이라 한다

'식영정'이라는 이름에는 어떤 의미가 있을까? 석천 임억령은 정자 이름을 '식영정'으로 짓고, 그 의미를 담은 「식영정기」를 남겼다. 1563년의 일이다. 다음은 「식영정기」다.


김 군 강숙剛叔(김성원의 자)은 내 벗이다. 그가 푸른 시냇가 위의, 소나무 아래 산기슭에 조그만 정자를 지었다. 모서리에 기둥을 세워 그 가운데를 비우고, 띠풀로 이엉을 만들고 대자리로 날개를 삼으니, 바라보면 마치 일산日傘이나 그림배畵舫처럼 보인다. 내가 휴식할 곳으로 삼기 위함이라 했다. 선생(임억령 자신)에게 이름을 청하니, 선생이 말했다.

"자네가 장씨(莊氏, 장자)의 말을 들은 일이 있는가. 장주莊周의 말에 이르기를 '옛날에 자기 그림자를 두려워하는 사람이 있어 태양 아래에서 달리는데, 그가 아무리 빨리 달려도 그림자가 없어지지 않다가 나무 그늘 아래로 들어가니 그림자가 홀연 보이지 않더라.'고 했다.

무릇 그림자의 성질은 한결같이 사람의 형체를 따라다니기에 사람이 구부리면 구부리고, 사람이 쳐다보면 쳐다본다. 또한, 가고 오고, 행하고 그치는 것이 오직 형체의 행위를 따라 할 뿐이다. 그러나 그늘진 곳이거나 밤이면 사라지고, 밝은 곳이거나 낮이면 생겨나니 사람이 이 세상에서 처신하는 것도 또한 이와 같다. 옛말에 이르기를 '꿈에 본 환상과 물에 비친 그림자가 인생이다.'고 했다. 형체를 조물주에게서 받았으므로, 조물주가 사람을 희롱하는 것이 어찌 형체가 그림자를 부리는 정도에 그치겠는가. 그림자가 천 번 바뀌는 것은 형체의 처분에 달려 있고, 사람이 천 번 변하는 것 또한 조물주의 처분에 달려 있다. 그러니 사람은 마땅히 조물주의 부림에 따를 뿐이지 관여할 것이 무엇이 있겠는가. 아침에 부자이던 사람이 저녁이며 가난뱅이가 될 수 있고, 옛날에 귀하던 사람이 지금 천덕꾸러기가 되어 있는 것도 모두 조물주의 도가니 속 일이다.

우선 내 한 몸에 비유해 보면, 옛날에는 높은 관과 큰 띠를 착용하고 금마옥당金馬玉堂(한림원의 별칭)으로 출입했지만, 이제는 죽장을 짚고 짚신을 신은 채 푸른 소나무와 흰 돌 사이를 거닐고 있다. 또한, 맛있는 음식이 아니라 표주박의 음식만을 달게 여기며 자연을 벗하고 있다. 이것이 모두 조물주가 그 사이에서 놀리고 있는 것인데, 내가 스스로 그런 사실을 모르고 지낼 뿐이니 어찌 그 사이에서 기뻐하고 성내겠는가."

강숙이 말하기를 "그림자는 진실로 능히 스스로 무엇을 할 수 없지만, 선생님의 경우는 굴신屈伸을 스스로 한 것이지 세상에서 버려진 것은 아닙니다. 이 시대에 자신의 빛을 숨기고 자취를 감추는 것은 차라리 용기가 아니겠습니까."고 했다. 이에 응답해 "흐름을 타면 나아가고 웅덩이를 만나면 그치는 것이니, 가고 멈춤이 사람의 능력으로는 할 수 없는 것이다. 내가 임야로 들어온 것도 한갓 그림자를 없애려고만 한 것이 아니네. 내가 시원한 바람을 타고 조물주와 더불어 무리가 되어서 궁벽한 시골의 들판에서 노닐 때 '거꾸로 비친 그림자倒影'도 없어질 것이며 사람이 보고도 지적할 수 없을 것이니, 이름을 식영息影이라 함이 좋지 않겠는가."고 했다. 이에 강숙이 말하기를 "이제야 비로소 선생님의 뜻을 알겠습니다. 그 말을 적어 기록으로 삼기를 청합니다."고 했다.

1563년 7월 하의도인荷衣道人이 쓰다.

하의도인은 임억령의 또 다른 호다. '도영倒影'은 '도경倒景'으로도 쓰는데, 하늘 중 가장 높은 곳을 가리킨다. 그래서 해와 달이 모두 그 아래에 있어 그림자를 만들 수 없는 곳이고, 그림자도 모두 거꾸로 보인다 한다. 석천은 식영정에서 조물주의 무리가 되어 '도영'에 노닐고 있음을, 가장 높은 경지에 있음을 이야기하고 있다 하겠다.

## 소쇄원 '제월당' '광풍각'

식영정 근처에 영양 서석지, 보길도 부용정과 함께 조선의 3대 정원으로 꼽히는 소쇄원瀟灑園이 있다. 소쇄원은 양산보梁山甫(1503~1557)가 젊을 때부터 조성해 은둔한 별서別墅 원림이다.

소쇄옹 양산보가 젊은 때 지어 은둔한 소쇄원의 광풍각.

별서란 선비들이 세속을 떠나 자연에 귀의해 은거 하기 위해 조성한 곳으로, 주택에서 떨어져 산수가 빼어난 장소에 지어진 별저別邸를 지칭하는 말이다. 그리고 원림園林이란 정원과 혼용해서 사용하는 말인데, 중국과 우리나라에선 원림을, 일본에서는 정원을 주로 선호한다.

소쇄원을 조성한 양산보는 15세 때 왕도 정치를 표방하고 개혁을 추진했던 정암靜庵 조광조(1482~1519)의 문하에 들어가 수학했다. 하지만 스승이 기묘사화로 유배당한 후 화순 능주에서 사약을 받고 세상을 뜨자, 충격 속에 벼슬길의 무상함을 깨닫고 고향에 은둔하게 되었다. 양산보의 나이 17세 때 일이다. 이것이

그가 어린 나이에 창암촌 계곡의 자연 속에 소쇄원을 꾸미게 된 계기가 되었다.

소쇄원은 당대 최고의 선비들이 풍광을 관상하며 여유를 즐긴 장소이자, 이상을 토로하던 문화 담론의 산실이었다. 하서 김인후를 비롯하여 면앙정 송순, 송강 정철, 우암 송시열, 고봉 기대승 등 최고의 지식인들이 이곳을 드나들며 사유와 만남의 지평을 넓혔다.

소새원은 산에서 흘러내리는 계류를 중심으로 양쪽 언덕에 광풍각光風閣, 제월당霽月堂, 대봉대待鳳臺, 화계花階, 연지蓮池, 석천石泉 등이 배치되어 있다. 담벼락에는 '애양단愛陽壇', '오곡문五曲門', '소쇄처사양공지려瀟灑處士梁公之廬'의 글씨가 석판石板과 목판木板에 새겨져 있어 운치를 더한다.

소쇄원의 '소쇄'는 맑고 깨끗함을 뜻하는데, 한 사람의 인격을 나타내는 최상의 표현이라고 할 수 있다. 소쇄원 구성의 사상적인 배경에는 주돈이의 유학과, 생활 철학인 도연명의 안빈낙도 사상이 밑바탕을 이루고 있다. 대봉대 아래쪽에 대나무와 오동나무가 심어져 있는데, 이는 태평성대의 도래를 기원하는 의미다. 광풍각 옆의 석가산石假山은 그 건너편 자미수림紫薇樹林, 광풍각 위의 도오桃塢,

소쇄원의 '광풍각(光風閣)', '제월당(霽月堂)', '소쇄처사양공지려(瀟灑處士梁公之廬)', '오곡문(五曲門)' 글씨들.
모두 우암 송시열이 썼다.

계곡 위의 매대梅臺와 함께 무릉도원의 선계仙界를 나타내려 한 것이다.

소쇄원의 풍류적인 분위기는 그 시대의 생활을 엿볼 수 있게 한다. 하지만 이런 멋스럽고 풍치 있는 모습 속에서, 한 나라를 개혁하고자 했지만 뜻을 이루지 못한, 그래서 현실 속에서 적극적으로 현실을 개변하기보다는 오히려 자연의 삶 속에서 안락을 찾았던 비운의 한 선비가 지닌 아픔을 느낄 수 있다.

제월당의 '제월'과 광풍각의 '광풍'은 송나라의 황정견黃庭堅이 유학자 주돈이의 사람됨을 평하여 "그의 인품이 심히 고명하며, 가슴에 품은 뜻의 시원하고 깨끗함이 마치 맑은 날의 바람과 같고 비갠 뒤 하늘의 달과 같도다|基人品甚高 胸懷灑落 如光風霽月|."고 한 데서 유래한 것이다.

소쇄원의 현판 글씨는 대부분 우암尤菴은 송시열(1607~1689)의 것이다. 다양한 글씨체로 된 '제월당', '광풍각', '소쇄처사양공지려', '오곡문' 등이 모두 우암의 작품이다. 노론의 영수이자 주자학의 대가로서 이이의 학통을 계승하며 기호학파의 주류를 이루었던 우암은 양산보의 일생을 정리한 행장을 쓰기도 했다.

서원과 강당에 걸린 현판
선비의 정신을 담다

# 경북 영주
## 소수서원

소수서원(영주시 순흥면 내죽리)은 영주가 '선비의 고장'임을 드러내는 근거다. 소수서원이 수많은 서원 중에서 특히 유명한 것은 최초의 사액서원賜額書院이기 때문이다. 사액서원은 왕이 서원 이름을 지어 주고 그 현판을 내린 서원으로, 나라에서 공식적으로 인가한 교육기관(사립대학)인 셈이다.

소수서원은 우리나라 성리학(주자학)의 비조로 추앙받는 회헌晦軒 안향(1243~ 1306)을 기리고 있다. 안향은 고려 말기 나라가 어지러울 때 원나라에 가서 주자학을 들여와 우리나라에 보급한 최초의 주자학자이다. 주자학은 조선이 개국하면서 국가의 통치 이념으로 자리 잡는다. 공자의 학문이 남송의 주자로 계승되고, 그 주자학은 고려 때 안향이 우리나라에 전하고, 조선 시대의 퇴계 이황에 의해 꽃을 피우게 된다.

신재慎齋 주세붕(1495~1554)이 풍기 군수 시절인 1543년 우리나

라 최초의 서원인 백운동서원白雲洞書院을 세웠다. 후에 풍기 군수로 부임한 퇴계 이황이 1549년 백운동서원을 국가 공인 교육기관으로 인정받고자 사액을 요청하게 되고 이듬해 최초의 사액서원이 되면서 명칭이 '소수서원'으로 된 것이다.

  이후 소수서원은 월천 조목, 백담 구봉령, 초간 권문해, 약포 정탁, 송암 권호문, 성재 금난수, 여헌 장현광, 정재 류치명 등 기라성 같은 수많은 선비를 길러낸다. 이렇게 '선비의 고장'이라는 명성이 있게 한 소수서원의 각별한 역사를 잘 증명하는 유물이 남아 있다. 바로 '소수서원紹修書院' 현판이다.

# 퇴계 이황의 요청으로
# 명종이 친필로 내린 '소수서원' 현판

풍기 군수 주세붕은 1542년 숙수사宿水寺 터에 안향의 위패를 모셔 제사를 지내는 사당을 마련하고, 이듬해에 사당 옆에 백운동서원을 건립해 첫 입학생 세 명을 가르치게 된다. 우리나라 최초의 서원이다. 이곳은 안향이 청소년 시절 학문을 닦았던 장소이기 때문이다.

퇴계 이황(1501~1570)은 풍기 군수로 부임한 후 새로운 교육 체계의 필요성을 절감, 서원을 공인하게 하고 그 존재를 알리기 위해 1549년 백운동서원에 대한 사액과 지원을 왕에게 요청했다. 주자가 강론하던 중국 백록동서원의 사례를 본받으려 한 것이다.

1550년 4월에 명종이 직접 쓴 글씨로 만들게 해 하사한 '소수서원(紹修書院)' 현판 원본.
명종 16세 때 글씨다. 〈소수박물관 제공〉

명종은 이듬해인 1550년(명종 5년) 퇴계의 요청을 받아들여 서원 명칭을 '소수서원'이라 짓게 하고 친히 편액 글씨를 써서 하사했다. 그리고 서적과 노비, 토지 등을 함께 내려 주었다.

명칭은 당시 대제학 신광한이 지어 올린 것을 명종이 윤허한 것으로, '소수紹修'는 '이미 무너진 유학을 다시 이어 닦게 한다[旣廢之學 紹而修之].'라는 뜻이다.

글씨는 소년의 글씨처럼 조심스럽고 방정한 해서다. 실제로 이 글씨를 쓴 명종(1534~1567)의 당시 나이는 16세였다. 현판은 검은색 바탕에 금색 글씨로 되어 있다.

'소수서원紹修書院' 네 글자는 양각하고 금칠을 하였다. '소'자 옆(우측 상단 모서리)에는 명종 친필이라는 의미의 '명묘어필明廟御筆'이라는 글씨를 세로로 새기고 호분胡粉을 칠했다. 좌측에는 '가정 29년嘉靖 二十九年(1550년) 4월四月 일日 선사宣賜(임금이 하사하다.)'라는 글씨를 새겨 놓았다.

사방에 두른 테두리에는 청색 바탕칠에 분홍색 연꽃, 초록색 잎 등의 문양을 넣어 화려하게 장식했다. 테두리 모서리는 철판을 덧대어 보호하고 있다.

이 현판 원본이 명종 당대에 처음 만든 것인지는 확실하지 않다. 후대에 복각復刻했을 가능성이 커 보인다.

사액서원이라고 해서 모두 임금이 친필로 현판 글씨를 내리는 것은 아니다. 소수서원 이후 많은 사액서원이 생기지만, 왕이 친필로 글씨를 내린 경우는 이것 말고 또 있는지 모르겠다. 보통 추사 김정희나 한석봉 등과 같은 당대의 명필에게 글씨를 쓰게 했다. 이런 사액 현판의 경우, '어필'이라는 표기가 있는 소수서원 현판과 달리 '임금이 현판을 내렸다[宣賜].'는 표기만 하고 있다.

소수서원 현판은 왕이 글씨를 직접 써서 하사한 현판이고, 최초의 사액서원 현판인 점에서 매우 귀중한 문화재다. 2001년 11월에 경상북도 유형문화재 제330호로 지정된 이 소수서원 현판 원본은 소수박물관이 소장하고 있다. 소수서원 강학당에 걸린 현판과 유물 전시관에 전시된 현판은 복제품이다.


## 최초 사액서원으로서의
## 소수서원 의미


당시 이황의 요청으로 국왕이 백운동서원에 대해 사액을 한 점은 사회적으로 큰 의미가 있는 일이었다. 왕권 수립과 확립에 공을 세운 공신들인 훈구 세력들이 지배하던 시대에 서원이 사액을 받았다는 것은 사림의 승리를 의미하는 것이기도 하다. 그동안 힘을 못 쓰던 사림이, 그리고 인정받지 못하던 사림의 운용방식이 국가로부터 공식적으로 인정받은 획기적 사건이라고도 할 수 있다. 서원은 선배 유학자들을 기리고 교육을 통해 새로운 사림을 양성하는 교육기관으로, 사림의 근거지였기 때문이다. 소수서원 사액은 성리학을 공부하고 실천한 학자들의 학문적 성과가 낳은 결과라고 할 수 있을 것이다.

이황은 백성 교화와 사회 발전을 위해서는 도학(성리학)을 천명하고 밝히는 길이 최선이라고 생각했다. 그것을 위한 구체적 실천 도장으로 중국에서 발달한 서원 제도가 우리나라에도 필요한 것으로 인식, 백운동서원의 사액을 요청했다.

이황은 그 후에도 고향인 예안(경상북도 안동의 옛 이름)에 역동易東 우탁(1262~1342)을 기리는 역동서원 설립을 주도하는 등 10여 곳의 서원 건립에 참여하거나 서원 기記를 지어 보내는 등 서원 보급에 주력했다.

소수서원 이후 전국 곳곳에 서원이 세워지고 서원의 사액 요청이 잇따르면서, 숙종 때는 사액서원이 무려 131개소에 이르렀다. 서원은 선조 때 사림파가 정치의 주도권을 쥐게 된 이후 특히 본격적인 번성을 하게 된다. 양적인 면에서도 선조 당대에 세워진 서원만 60여 개소에 이르고, 22개 서원에 사액이 내려졌다. 조선 시대 사액서원은 총 200개소에 이른다. 사액사우賜額祠宇는 70개소.

그 뒤 영조 때는 서원 폐단이 심해지면서 나라의 강력한 단속으로 사액이 일체 중단되게 되었다. 그리고 1741년(영조 17년) 서원 철폐 조치에 의해 1714년 이후 건립된 서원(사당 포함)은 모두 철폐 당하게 되었다. 흥선대원군은 1871년 서원 철폐령을 내려 47개의 서원(20개 사당 포함)만 남기고 모두 훼철했다.

# 소수서원의 다른 현판
## '문성공 묘', '경렴정'

신재 주세붕은 백운동서원을 건립하면서 서원 학생들의 토론과 사색처로 '경렴정景濂亭'도 세웠다.

정자 정면의 '경렴정' 행서 현판 글씨는 주세붕이 직접 쓴 글씨로 전하고, 정자 안에 걸린 '경렴정' 초서 현판 글씨는 김구, 양사언과 함께 '3대 초성草聖'으로 불린 고산孤山 황기로가 퇴계의 요청에 따라 쓴 글씨라고 한다.

'경렴정'의 이름은 북송 시대 철학자이자 성리학의 개산조開山祖인 염계濂溪 주돈이(1017~1073)를 경모景慕한다는 뜻을 담고 있다.

소수서원을 창건한 주세붕이
서원 학생들의 토론과 사색처로 세운
'경렴정(景濂亭)'.

소수서원에 딸린 정자인 '경렴정(景濂亭)' 초서 현판 원본.
초서의 대가인 고산(孤山) 황기로가 퇴계 이황의 요청으로
썼다고 한다. 〈소수박물관 제공〉

주돈이는 45세에 국자박사國子博士에서 건주虔州 통판通判으로 자리를 옮겼다.
그 후 건주로 가는 길에 구강九江을 지나다가 여산廬山의 산수를 사랑해 그곳에
서 강학할 마음을 두게 된다. 훗날 여산 기슭에 서당을 짓고 연화봉蓮華峯 아래
서 발원한 맑은 물이 분강盆江과 합류하는 상류 계곡을 거닐며 한때 은거했다.
그리하여 시내 이름은 염계濂溪라 하고, 시내 위에 세운 서당 이름은 염계濂溪 서
당이라 하였다. 염계를 자신의 호로도 삼았다.

신재는 경렴정을 세우고 아래 시를 지었다.

"산은 우뚝하여 공경하는 빛이요 山有祇祗色/ 시내는 흘러 힘써 달리는 소리로
다 溪行亹亹聲./ 은자의 마음에 합함이 있어 幽人心有會/ 한밤 높은 정자에 기대어
있노라 半夜倚高亭."

퇴계는 신재가 지은 시의 운韻을 따서 다음 시를 지었다.

"풀잎에도 이러한 천지의 뜻이 있고 草有一般意/ 시냇물은 끝없는 소리 머금었네
溪含不盡聲./ 노니는 사람들아 만일 믿지 못하겠거든 游人如未信/ 맑고 깨끗한 빈
정자에 한번 앉아보게 瀟灑一虛亭."

소수서원에는 안향의 위패를 봉안하고 기리는 사당인 문성공 묘文成公廟가 있다. '문성'은 안향의 시호다. 이 사당의 현판 '문성공 묘'의 글씨는 주자의 후손인 주지번朱之蕃이 썼다. 명필로 소문난 명나라 주지번이 1606년 명나라 사신으로 조선에 왔을 때 성균관의 '명륜당明倫堂' 현판 글씨를 쓴 뒤, 소수서원에도 들러 참배하고 이 글씨를 남겼다. 이와 함께 '문성공'과 이 시호를 해설한 시주諡註인 '도덕박문왈문道德博問曰文 안민입정왈성安民立政曰成'도 휘호해 남겼다. '문성공 묘' 현판 원본은 소수박물관에 보관돼 있다.

주희의 후손인 명나라 명필 주지번이 사신으로 왔다가
소수서원에 들러 남긴 글씨 '문성공 묘' 현판. 〈소수박물관 제공〉

경북 예천 삼강강당
# 백세청풍

백세토록 길이 전할 맑은 기풍을 뜻하는 '백세청풍百世淸風'은 조선 시대 지식인들이 가장 선호하는 글귀였다. 지금도 많은 이들이 좋아하고 있다. 영원토록 변치 않는, 고고한 선비가 지닌 절개를 대변하는 이 글귀는 선비들이 주택이나 서원, 정자 등에 편액으로 걸고 주위의 바위에 새기기도 했다. 또한, 휘호의 소재가 되기도 하고, 비석에 새기기도 했다. 불천위不遷位 제사 때 족자로 사용하는 가문도 있다.

'백세청풍'은 끝까지 군주에 대한 충성을 지킨, 중국 상商나라 말기의 전설적 형제 성인인 '백이伯夷와 숙제叔齊' 이야기에서 유래한다.


## '백세청풍' 유래

『사기史記』「열전」에 나오는 내용이다. 백이와 숙제는 상나라 말엽 작은 제후의 나라 고죽국孤竹國 영주의 아들이었다. 영주인 아버지는 막내였던 숙제를 후계자로 지목하고 세상을 떠났다. 그러나 숙제는 맏형인 백이에게 자리를 양보하며 나라를 떠났고, 백이 역시 부친의 유언을 존중해 숙제를 왕위에 오르게 하고자 몸을 피했다. 고죽국은 할 수 없이 둘째 아들이 왕위를 잇도록 했다.

백이와 숙제는 고죽국을 떠나 어진 제후로 이름 높던, 훗날 주나라 문왕이 되는 희창에게 몸을 의탁했다. 희창은 작은 영주들을 책임지는 서백西伯의 자리에 있었다. 얼마 후 희창이 죽고 그 아들 희발(무왕)이 집권했고, 그는 상나라 폭군 주왕紂王을 제거하려 했다. 희발의 부하 강태공은 뜻을 같이하는 제후들을 모아 전쟁 준비를 시작했다. 이때 백이와 숙제는 희발을 찾아와 다음과 같이 간언했다.

"부친이 돌아가신 후 아직 장사도 지내지 않았는데 전쟁을 할 수는 없다. 그것은 효가 아니기 때문이다. 또, 주나라는 상나라의 신하 국가이다. 어찌 신하가 임금을 주살하려는 것을 인仁이라 할 수 있겠는가."

천하가 모두 폭군을 제거하려는 의거에 환호했지만, 백이와 숙제는 생각이 달랐던 것이다. 이에 희발은 크게 노하여 백이와 숙제를 죽이려 했으나, 강태공이 의로운 사람들이라 말해 죽음을 면했다. 이후 희발은 상나라를 토벌하고 주나라의 무왕이 되었다.

백이와 숙제는 상나라가 망한 뒤에도 상나라에 대한 충성을 버릴 수 없다며 수양산首陽山으로 들어가 고사리를 캐 먹으며 살았다. 이때 왕미자王靡子라는 사람이 수양산에 찾아와 "그대들은 주나라의 녹을 받을 수 없다더니 주나라의 산에서 고사리를 먹는 일은 어찌 된 일인가."며 책망했다. 이에 두 사람은 고사리마저 먹지 않았고, 마침내 굶어 죽게 된다. 이후 백이와 숙제는 끝까지 두 임금을 섬기지 않고 충절을 지킨 의인을 지칭하는 대명사가 되었다.

후세 사람들은 고죽국 수양산(산시 성에 위치, 허베이 성이라는 주장도 있음)에 이들의 삶을 기리는 사당(이제묘夷齊廟·청성묘淸聖廟라 불림)을 짓고, 영원히 이어질 그들의 충절의 기리는 '백세청풍百世淸風' 비석도 세웠다. 중국의 '청성淸聖'이라 불리는 그들의 청풍淸風이 백세에 영원하라는 염원을 담은 것이다. '백세청풍' 글씨는 주자의 것이다.

우리나라 황해도 해주에도 수양산이 있어 그곳에 청성묘淸聖廟와 백세청풍비를 그대로 모방해서 세웠다. 조선 숙종 때에 이르러 서원·사우가 남설되는 풍조에 따라 해주 유생들이 지명이 같은 해주의 수양산 기슭에 1687년(숙종 13년) 사당을 세우고 백이와 숙제 두 사람을 제향하며 그 절의를 추모하였다. 1701년에는 황해도 유생들의 소청에 의해 숙종이 '청성묘淸聖廟'라는 어필 편액을 하사했다. 그 뒤 황해도 관찰사 이언경이 주자의 글씨인 '백세청풍' 네 글자를 얻어와 돌에 새긴 뒤 사당 뜰에 세웠다. 백세청풍비 뒷면에는 청성묘의 내력과 백이숙제의 절의에 대한 내용이 담겨 있다.

## 청풍자淸風子 정윤목이
## 백이숙제 사당에서 베껴 온 '백세청풍'

'백세청풍' 편액이나 비석은 전국 곳곳에 남아 있다. 경북 예천군 풍양면 삼강리 삼강강당三江講堂에 걸려 있던 것은 그 대표적 편액이다. 삼강마을은 임진왜란 직후 정승을 지낸 약포藥圃 정탁(1526~1605)의 셋째 아들 청풍자淸風子 정윤목(1571~1629)이 터전을 잡아 살던 곳이다. 청풍자는 19세 때 중국 사신으로 가는 아버지를 따라 중국에 들어갔다. 그때 백이숙제의 사당을 지나다가 그곳에 있는 비석의 '백세청풍'이란 글자에 감동하여 그것을 실물 크기로 베껴 왔다.

그는 이 글을 좋아하여 자신의 호를 '청풍자淸風子'라 정하기도 했다. 그리고 자신이 삼강마을에 건립한 삼강강당에 '백세청풍'을 새긴 편액을 건 뒤, 혼탁한 정치 현실을 등지고 그곳에서 학문 연구와 후학 양성으로 일관했다. 서애西崖 류성룡(1542~1607)과 한강寒岡 정구(1543~1620)에게 학문을 배운 그는 특히 문장과 서예에 뛰어났다. 그의 초서는 당대의 제일로 통했다. '백세'와 '청풍'으로 나뉜 이 편액의 원본은 한국국학진흥원에 보관돼 있다.

예천 삼강강당에 걸려있던 '백세', '청풍' 편액. 이 원본은 한국국학진흥원에 보관돼 있다.
청풍자(淸風子) 정윤목(1571~1629)이 중국의 백이숙제 사당(이제묘)에 있는 것을 모사해 와서 새겼다고 한다.

생육신 중 한 사람인 어계(漁溪) 조려(1420~1489)를 기려 세운 채미정(함안군 군북면 원북리).

경남 함안의 채미정采薇亭(군북면 원북리)에도 '백세청풍' 편액이 걸려 있다. 생육
신 중 한 사람인 어계漁溪 조려趙旅(1420~1489)가 단종 폐위 후 귀향해 여생을 보
낸 곳에 그의 절개를 기려 정자를 지었고, 그의 절개를 백이숙제의 절개에 비유해
이 편액을 단 것이다. 어계를 비롯한 생육신을 기려 1703년에 서산서원(1713년 사
액서원이 됨)을 건립한 후 서원의 부속 건물로 1735년에 정자를 세웠다. 근처에 있
는, 어계가 낚시로 세월을 보냈다는 '고바위'의 절벽에도 '백세청풍'이 새겨져 있다.

충남 금산의 청풍서원淸風書院(금산군 부리면 불이리)은 고려 말 삼은 중 한 사람

고려 말 삼은 중 한 사람인
야은 길재의 충절을 기려 세운
청풍서원(금산군 부리면 불이리)에 있는
'백세청풍' 비석.

인 야은治隱 길재(1353~1419)의 충절을 기리기 위해 1678년 창건된 서원이다. 이
곳에도 '백세청풍'을 새긴 비석이 세워져 있다. 이 비석은 당시 금산 군수가 주선
해 1761년 해주 청성묘의 비석 글씨를 본떠와 새긴 것으로 전한다.

이밖에 함양의 일두 정여창 고택에도 '백세청풍' 편액이 걸려 있고, 안동의 학봉
김성일 종택은 학봉 불천위 제사 때 '백세청풍百世清風 지주중류砥柱中流' 탁본 병
풍을 사용한다.

또, 병자호란 때 순절한 선원仙源 김상용(1561~1637)의 옛 집터(서울 종로구 청운동)
바위에도 '백세청풍'이 새겨져 있다.

'백세청풍' 글씨가 우리나라에 건너오게 되는 과정과 관련해 다음과 같은 일화가 전한다.

중국 수양산 이제묘에 있는 '백세청풍' 글씨를 모사해 오는 도중, 배를 타고 황해(또는 압록강)를 건너다가 큰 풍랑을 만나게 된다. 풍랑이 심해져 배가 곧 뒤집힐 듯하자 대경실색한 일행들은 중국 명필이 남의 나라로 건너가는 것을 천지신명이 방해하는 것이라 생각, 모사한 네 자 중 마지막 자인 '풍'자를 잘라 물 위에 던졌다. 그러자 신기하게도 풍랑이 잠잠해져 무사히 귀국할 수 있었다. 그리고 다시 나머지 한 자를 베껴 올 수도 없고 해서 '풍'자는 우리나라 명필의 것으로 채워 넣기로 했다. 그래서 앞의 석 자와 마지막 자는 필치가 다르다고 이야기한다.

'백세청풍 지주중류' 탁본 족자를 펼치고 제사를 지내는
학봉 종가(안동)의 학봉 김성일 제사 모습.

# 백이숙제의 절개를 비유하는
# 또 다른 글귀 '지주중류'


'지주중류砥柱中流, 또는 中流砥柱'는 황하黃河의 격류 속에서도 흔들리지 않고 우뚝 솟아 있는 지주산처럼 난세나 역경 속에서도 지조와 절개를 잃지 않는 인물 또는 그러한 행동을 비유하는 고사성어다. '지주중류'의 '지주'는 중국 황하의 상류 가운데 있는 산 이름이다.

『수경주水經注』에 따르면, 우禹 임금이 치수治水를 할 때 산언덕이 물을 가로막고 있었기 때문에 산의 좌우를 파냈다. 이렇게 해서 강물은 산의 양쪽으로 갈려 흘러가게 되었는데, 그 산의 모습이 물속에 기둥처럼 솟아 있었으므로 '지주'라고 부르게 되었다.

이 '지주중류'는 언젠가부터 백이숙제의 절개를 표현하는 글귀로 사용되기 시작했다. 백이숙제 사당에는 '백세청풍'이라는 비석과 함께 '지주중류' 비석도 세워져 있다. '지주중류' 비석의 글씨는 중국의 명필 양청천楊晴川이 쓴 것이다. 이 글씨도 우리나라 선비들이 탁본해 와서 비석에 새기기도 했다.


우리나라에서는 고려 말기의 충신인 야은 길재의 충절을 기리기 위해 그의 묘 앞에 이 '지주중류砥柱中流' 비석을 처음 세웠다. 1587년 인동 현감으로 있던 겸암謙庵 류운룡이 야은의 높은 충절을 기리기 위해 묘역(구미시 오태동)을 수리하고 그 앞에 비석을 세웠다.

비석 표면에는 양청천의 글씨인 '지주중류'를 새겨 놓았는데, 이것은 한강 정구가 중국의 이제묘에 있는 '지주중류' 비석 글씨를 탁본해 온 것이다. 비석 뒤편에는 겸암 동생인 서애 류성룡이 지주중류의 뜻과 그것이 후학들에게 주는 교훈을 담아 쓴 글이 새겨져 있다. 지금의 비석은 당시의 것이 아니고, 1789년(정조 4년)에 다시 세운 것으로 전한다.

금산 청풍서원의 백세청풍비 옆에도 이 지주중류비가 있는데, 구미의 것과 같은 비석으로 1948년 건립했다 한다.

야은 길재 묘소(구미시 오태동) 앞에
세워져 있는 '지주중류' 비석.
중국 백이숙제 사당의 비석을
탁본해 와 새긴 것이다.

한석봉이 임금 앞에서 쓴 '도산서원(陶山書院)' 편액이 걸린 도산서원 전교당 모습. 현재 걸린 편액은 복제품이다.

# 경북 안동
# 도산서원

도산서원陶山書院은 퇴계退溪 이황(1501~1570)의 학문과 덕행을 기리기 위해 퇴계의 제자들이 건립한 서원이다.

현재의 도산서원(안동시 도산면 토계리)은 건축물 구성면으로 볼 때, 퇴계가 생전에 지어 거처하며 제자를 가르치던 도산서당 영역과 퇴계 사후에 지은 도산서원 영역으로 구분된다. 앞쪽에 자리 잡은 건물들은 도산서당 영역에 속하고, 그 뒤편의 건물들은 도산서원 영역에 속한다.

퇴계가 자신의 철학을 담아 설계한 도산서당은 1561년에 건립되었다. 그리고 퇴계 사망 후 3년상을 마치게 되자 그의 제자들과 고을 선비들은 1574년 봄 "도산은 선생이 도를 강론하시던 곳이니 서원이 없을 수 없다."며, 서당 뒤쪽에 땅을 다듬어 서원 조성을 시작했다.

그 이듬해인 1575년(선조 8년) 서원이 낙성되자 나라에서 사액賜額, 즉 서원의 이름을 정하고 그 편액을 만들어 내리게 된다. 이때 도산서원 편액 글씨는 당대의 명필 석봉石峯 한호(1543~1605)가 쓰게 된다. 이 편액 글씨와 관련해 퇴계의 위상을 말해 주는 일화가 전한다.

# 명필 한석봉이
## 어전에서 '원'자부터 쓴 편액

당시 임금인 선조는 도산서원에 대해 나라에서 편액을 내리기로 하고, 당대 최고 명필인 석봉 한호에게 편액 글씨를 쓰게 하기로 결정했다. 1575년 6월 어느 날, 선조는 석봉을 어전에 불러 편액 글씨를 쓸 준비를 하도록 했다. 그리고 무엇을 쓸 것인지 알려 주지 않고 부르는 대로 쓰라고 말했다. 처음부터 '도산서원' 편액 글씨를 쓰라고 하면, 젊은 석봉(당시 32세)이 퇴계와 도산서원의 명성이나 위세에 눌려 글쓰기를 양보하거나 마음이 흔들려 글씨를 망칠 수도 있다는 생각이 들었기 때문이다. 글씨 쓰는 순서는 거꾸로 하기로 했다.

선조는 그에게 첫 글자로 집 '원院'자를 쓰라고 했다. 석봉은 '원'자를 썼다. 다음은 글 '서書'자를 쓰게 하고, 이어서 '산山'자를 쓰도록 했다. 석봉은 쓰라는 대로 여기까지는 잘 썼다. 이때까지만 해도 어떤 편액 글씨를 쓰는지 몰랐다.

마지막 한 자가 남았다. 바로 질그릇 '도陶'자다. 이 자를 말하면 석봉도 도산서원 편액을 쓴다는 것을 알게 될 것이다. 선조는 '도陶'자를 쓰라고 했고, 석봉은 그때 도산서원 편액 글씨를 쓰고 있음을 알게 되었다. '도'자를 쓰라는 말을 듣는 순간 마음이 흔들렸다. 마음을 가라앉히려고 해도 잘 되지가 않았고, 어쩔 수 없이 가슴이 두근거리는 가운데 붓을 떨며 가까스로 '도'자를 완성했다.

그래서 마지막으로 쓴 '도'자가 다른 세 자와 달리 약간 흔들린 흔적과 어색한 점이 있다고 전한다. 하지만 보통사람이 봐서는 그 점을 알아채기는 쉽지 않은

것 같다. 이 이야기가 사실은 아닐 것이다. 도산서원 사액 글씨를 명필 석봉이 쓴 점을 모티브로 퇴계와 도산서원의 위세를 드러내고자 한 이야기라 하겠다.

흰색 바탕에 검은 글씨의 도산서원 편액 좌측에 '만력 3년 6월 일 선사萬曆三年六月日宣賜'라는 글씨가 작게 새겨져 있다. 만력 3년은 1575년이고 '선사宣賜'는 임금이 하사한다는 의미다. 사액서원임을 말해 주는 문구다.

퇴계의 명망과 위상을 말해 주는 사실을 하나 더 보자. 퇴계 사후 200여 년이 지난 1792년 정조는 특별히 퇴계의 학덕을 추모하여 규장각 각신閣臣 이만수를 도산서원에 보내, 임금의 제문祭文으로 제사를 지내게 한 뒤 과거 시험을 치르도록 했다. 이 도산별과陶山別科에는 전국에서 7천228명이 몰려들어 응시했다. 그 중 답안지를 낸 사람이 3천632명이다. 합격자는 급제及第 2인, 진사進士 2인, 초시初試 7인, 상격賞格 14인이었다.

응시자를 수행한 사람이나 장사꾼 등을 포함하면, 도산별과 장소에 운집한 인원은 1만 명을 훨씬 넘기지 않았을까. 당시 안동 인구가 7천여 명이라니 퇴계

도산별과를 기념하기 위해 세운 시사단.

와 도산서원의 위상을 알게 하는 일이다.

이 도산별과를 기념하기 위해 단을 만들고 비석을 세운 것이 시사단試士壇이다. 도산서원 건너편 낙동강 백사장 위에 솟아 있다. 영의정 채제공이 비문은 지은 비석은 1796년에 세워졌고, 지금의 시사단은 1975년 원위치에 10미터 높이의 돌 축대를 쌓아 올린 뒤 원형대로 옮겨 지은 것이다.

# 붓글씨 솜씨로 벼슬한 한석봉

조선 3대 명필(석봉 한호, 봉래 양사언, 추사 김정희)로 꼽히는 석봉은 글씨로 출세한 인물이다. 사자관寫字官(조선 시대 승문원과 규장각에서 문서를 정서하는 일을 맡아 보던 벼슬)으로 나라의 문서와 명나라에 보내는 외교문서를 도맡아 썼다. 중국에 사절이 갈 때도 사자관으로 파견되었다. 사신을 따라 명나라에 갈 때마다 석봉은 연석이 마련되면 특유의 정교한 필법으로 글씨를 선보여 아낌없는 칭송을 들었다. 그는 작시作詩에 능한 차천로, 작문作文에 능한 최립과 함께 송도삼절松都三絶로도 불렸다.

조맹부, 왕희지 등의 필법을 익히고, 다른 여러 명필가의 필법을 연구한 그는 해·행·초서 모두에 뛰어났다. 나아가 자신만의 독창적인 서체의 경지를 개척, 호쾌하고 강건한 서풍을 만들었다.

석봉은 자신이 남긴 『석봉필론石峯筆論』에서 "내 일찍이 고금의 서법書法을 구하여 좌우에 펼쳐 놓았으나 그때는 왕희지와 조맹부 가운데 누가 뛰어난지 모른 채 몇 년 동안 조맹부의 글씨만을 베껴 썼다. 뒤늦게 왕희지의 『난정서』와 『동방삭전』 두 서첩을 얻게 되었을 때는 만시지탄이었다. 마음이 아팠지만, 전에 익힌 서체는 다 버렸다. 두 서첩을 놓고 오늘 한 글자를 쓰고 내일 열 글자 배우며 달마다 연습하니 해마다 성과가 나타났다. … 비록 왕희지에는 미치지 못하지만 조맹부보다 못하지는 않으니 어찌 다행스럽지 않은가."라고 기록했다.

그의 글씨가 노력의 산물임을 말해 주고 있고, 자신의 글씨에 대한 자부심도

드러내고 있다.

명나라 대문장가 왕세정王世貞은 "그 서체가 마치 성난 사자가 돌을 긁는 듯하다."고 했고, 조선에 사신으로도 왔던 명나라 한림 주지번朱之蕃은 "석봉의 글씨는 능히 왕희지, 안진경과 우열을 다툴 만한 솜씨다."고 평했다.

선조는 그의 글씨를 항상 벽에 걸어 두고 보았으며, 임진왜란과 정유재란 때 조선을 도우러 왔던 명나라 장수 이여송李如松과 마귀麻貴 등도 그의 친필을 부탁해 얻어 갔다고 전한다.


## 석봉의 글씨는 속되다?


한편 선조는 석봉이 한가한 곳에 머무르면서 서예를 더 연마하도록 하기 위해 특별히 가평 군수에 임명했다. 그리고 "게으르게도 하지 말고, 너무 서두르지도 말며, 또한 기운이 쇠약할 때는 글을 쓰지 마라."고 당부했다. 이는 이익(1681~1763)의 『성호사설星湖僿說』에 나오는 이야기다.

이익은 이어 "오늘날에도 한석봉체라고 하여 민간에서 크게 유행하고 있다. 하지만 사대부 집안의 사람들 중에는 그 서체를 공부한 사람이 많지 않다. … 서예는 작은 기예라고 하겠지만, 한 번 얻은 명성은 쉽게 사라지지 않는다. 그러나 사람들은 세월이 오래 지나지 않았음에도 아주 먼 듯 제대로 알지 못한다. 재주를 천하게 여기는 나라의 풍속이 빚은 한 사례라고 할 수 있으므로 여기에 기록해둔다."고 적고 있다.

석봉의 글씨에 대해서는 비판적인 시각도 적지 않다. 그가 배운 교본은 진위가 문제 되는 것이어서 저속한 구렁으로 떨어지게 되었고, 한미한 출신으로 오랫동안 사자관으로 있었기 때문에 타고난 예술적 재질을 발휘하지 못하고 틀에 맞추려는 노력이 앞섰다는 것이다. 『동국금석평東國金石評』은 그의 글씨에 대해 "모든 글씨체에 숙달되기는 했으나 속되다."고 비평했다.

# 퇴계와 도산서당

　퇴계는 건축과 조경에도 대단한 실력과 애착을 가지고 있었다. 건축가들은 그가 단순한 건축 애호가 정도가 아니라 전문가를 능가하는 경지에 이르렀음을 인정하고 있다.

　퇴계가 설계한 도산서당도 건축가가 지녀야 할 안목과 실력이 어느 전문가보다도 출중했음을 보여 주고 있다. 고향 마을 남쪽 낙동강 가의 도산을 점지하고 기본 설계도를 아들에게 내려보낸 그는 1557년 공사 책임자로 승려 법련法蓮과 정일淨—을 임명해 서당 건립을 진행했다. 1561년 서당 건물과 제자들 기숙소인 농운정사 및 역락재로 구성된 도산서당을 완공했다. 모두 간결하고 검소

도산서당에 걸린 '완락재(玩樂齋)', '암서헌(巖栖軒)' 편액.
퇴계 글씨인데, 그의 다른 글씨와 달리 조형적이면서도 아이 글씨 같아 눈길을 끈다.

하다. 퇴계의 지행합일知行合一의 철학, 즉 현실과 이상, 실제와 관념의 합일 정신
이 잘 드러나 있다.

서당 건물 중앙의 온돌방은 그가 거처하던 완락재玩樂齋이고, 동쪽 마루 칸은
암서헌巖栖軒이다. 서쪽 한 칸은 부엌이다. 그리고 서당 동쪽 담장을 끊어 개울과
연결되도록 했다. 다리를 건너면 동산의 정원으로 통하는데, 매화·대나무·소
나무·국화를 심은 절우사節友社다. 동남쪽에는 정방형 연못을 만들고 연을 심어
정우당淨友堂이라 했다. 정우당 아래 몽천蒙泉이란 샘을 만들었다. 절우사를 지
나 개울가를 따라가면 곡구암, 탁영담, 천연대, 운영대, 부용봉 등이 나타난다.

이 모든 이름은 퇴계가 손수 지어 붙인 것으로 성리학적 의미를 담고 있다. 퇴
계가 경영하고자 했던 것은 단순한 세 칸의 서당 건물이 아니다. 서당 건물은 중
심이자 시작점에 불과했을 뿐, 궁극적으로는 도산계곡의 대자연을 경영하려 했
던 것이다.

추사 김정희 글씨 '옥산서원' 편액이 걸린 옥산서원(경주시 안강읍 옥산리) 강당 건물 전경.
이 편액은 화재로 건물이 소실된 후 중수하면서 1839년에 다시 왕이 하사한 편액이다.

# 경북 경주 안강
## 옥산서원

퇴계 이황(1501~1570)은 조선 성리학의 최고봉이자 조선 성리학을 세계적 철학의 반열에 올려놓은 인물이다. 공자나 주자처럼 '이자李子'로도 불리던 퇴계는, 타고난 자질은 물론 깊은 사색과 충실한 연구를 바탕으로 스승 없이도 학문을 이룬 위인이다. 물론 간접적으로 사숙私淑(직접 가르침을 받지는 않았으나 마음속으로 본받음)한 선배들이 있기는 하다. 그중 회재晦齋 이언적(1491~1553)은 퇴계가 각별히 존숭한 인물이다. 회재의 학설은 퇴계에게 큰 영향을 미쳤다. 그리고 회재는 퇴계가 각별히 존경하며 챙겼기 때문에 그 학문이 빛을 발하고 명성도 더욱 높아질 수 있었다.

퇴계와 회재의 이런 관계는 회재의 서자庶子인 잠계潛溪 이전인의 각별한 효심이 있었기에 가능했다. 잠계는 부친인 회재가 유배지인 평안도 강계에서 별세하자 극심한 고난을 겪으면서 직접 그 시신을 고향인 경주까지 운구해 가서 장례를 치른 일화로 유명하다. 잠계는 효심이 각별함은 물론 퇴계를 비롯한 선비들을 찾아 부친의 학문과 사상을 선양하는 데 평생을 바쳤다. 퇴계가 회재의 행장行狀을 쓴 것도 그 덕분이다. 그래서 '무잠계무회재無潛溪無晦齋', 즉 '잠계가 없었다면 회재가 없다.'는 말이 지금도 회자되고 있다.

회재의 성리설性理說은 누구에게 특별히 배운 것이 아니라 스스로의 노력으로 정립한 독창적인 이론으로, 퇴계 등에게 큰 영향을 끼쳤다는 점에서 한국 성리학사에서 높이 평가할 만한 것이다. 퇴계는 이런 회재를 행장에서 보기 드물게 '선생先生'이라는 호칭을 붙였다. 회재와 퇴계의 학설을 이은 학자들은 '회퇴학파晦退學派'라고도 불린다. 그리고 회재와 퇴계는 한훤당 김굉필, 일두 정여창, 정암 조광조와 함께 '동방오현東方五賢'으로 추앙받고 있다.

이런 회재를 기리는 옥산서원(경주시 안강읍 옥산리)의 대표적 편액들을 살펴본다. 퇴계가 회재와 각별한 관계를 맺어서 그런지 옥산서원과 그 부근에 있는, 회재가 벼슬에서 물러난 뒤 마련해 살았던 독락당獨樂堂에는 퇴계 글씨 편액이나 석각이 적지 않게 남아 있다.

## 추사, 석봉 등 조선의 명필 편액이 즐비한 옥산서원

회재는 24세에 문과에 급제한 후 벼슬길에 올랐으나 1530년 김안로 세력에 밀려나게 되자 낙향, 안강 자옥산 기슭에 독락당을 짓고 은둔하며 성리학 연구에 몰두한다. 당시 호를 '자계옹紫溪翁' 또는 '자옥산인紫玉山人'으로 짓기도 했다. 자계는 독락당 옆으로 흐르는 하천의 이름이다. 김안로가 사사된 후 중종이 회재를 다시 불러들여 여러 벼슬을 하게 하나 그는 명종 즉위 후 문정왕후 섭정 시절 (명종 2년) 양재역良才驛 벽서사건(1547년 9월 문정대비의 수렴청정과 이기 등의 농권을 비방하는 내용의 양재역 벽서가 발견된 사건)에 연루돼 평안도 강계로 유배되었다가 그곳에서 사망했다.

옥산서원은 회재가 별세한 지 20년 뒤인 1572년(선조 5년) 경주 부윤 이제민이 건립했다. 사림의 뜻에 따라 회재가 은둔했던 곳을 서원 자리로 정하고 그의 학덕을 추모하기 위한 사당을 세운 것이다. 2년 후인 1574년 경상도 관찰사 김계휘의 제청에 의해 선조로부터 '옥산서원'이라는 이름을 하사받고 사액서원이 되었다.

계곡 가에 위치한 서원의 정문인 역락문亦樂門을 들어서면 누각이 나온다. '역락문' 편액은 조선의 명필 석봉 한호(1543~1605)의 글씨다. 이곳에는 석봉의 글씨 편액이 곳곳에 있다.

누각 아래를 지나 마당에 오르면 서원 강당 건물인 구인당求仁堂을 마주하게 된다. 뒤로 돌아 통나무 계단으로 누각에 오를 수 있다. 누각 안에 걸린 누각 이름 '무변루無邊樓' 편액 글씨도 석봉이 썼다. 전형적인 석봉체 글씨다. '무변루'라는 당호는 '무변풍월無邊風月'에서 따온 것이라 한다.

이 편액 좌측에 작은 글씨로 '모자람도 남음도 없고, 끝도 시작도 없다. 빛이여, 맑음이여! 태허에 노닐도다.[靡欠靡餘 罔終罔始 光歟霽歟 遊于太虛]'는 글귀가 새겨져 있다. 이것은 소재 노수신(1515~1590)이 나중에 따로 추가한 것으로, 무변루 이름의 의미에 관한 주석이다.

소재는 무변루뿐만 아니라 다른 편액에도 이 같은 주석을 달아 놓아 눈길을 끈다. 소재는 회재보다 24세 연하이나, 회재와 함께 을사사화로 인해 19년간 유배 생활을 한 인물로 회재의 성품과 학문을 잘 알았다. 그는 회재를 '당세무비當世無比의 학자'로 믿었다.


## 두 번이나 나라에서 '옥산서원' 편액 내려

건물 처마에 걸린, 굳세고 강직한 느낌을 주는 글씨의 대형 편액 '옥산서원玉山書院'이 보는 이를 압도한다. 건물의 한 칸을 꽉 채우고 있다. 추사 김정희(1786~1856) 글씨다. 이 편액은 서원 창건 때 단 것이 아니다. 편액 왼쪽에 작은 글씨로 쓴 '만력갑술사액후 이백육십년기해실화개서 선사萬曆甲戌賜額後 二百六十年己亥失火改書 宣賜'라는 글귀가 있어 추사가 이 편액 글씨를 쓴 연유를 알 수 있다. 1574년(선조 7년) 사액 후 266년이 지난 기해년(1839년)에 화재로 구인당이 소실돼 중건하면서 다시 써서 왕(현종)이 하사한 편액이라는 내용이다. 1839년이면 추사가 54세 때 쓴 것임을 말해 준다. 추사가 제주도로 유배되기 직전의 일이다. 추사는 1840년부터 9년간 제주 유배 생활을 했다.

추사의 이 글씨에 대해 유홍준 교수(명지대)는 『완당평전』에서 "전서의 굳센 맛

임금이 하사한 두 개의 '옥산서원' 편액. 왼쪽이 추사 글씨이고, 오른쪽이 아계 이산해 글씨다. 건물 안쪽에 아계 글씨 편액이 걸려 있다. 1574년 사액서원이 될 때는 아계가 편액 글씨를 썼다.

을 살려 내 이른바 '솜으로 감싼 쇳덩이', '송곳으로 철판을 꿰뚫는 힘으로 쓴 글씨'라고 이야기되는 추사체의 힘이 그대로 느껴진다."고 평하고 있다. 하지만 현재의 편액을 직접 보니, 전체적 느낌은 그렇다고 할 수 있으나 몇 번 덧칠한 때문인지 몰라도 칠이나 각의 상태가 안 좋아 그런지 그 평에 크게 공감이 가지 않는다.

강당 마루에 오르면 추사 편액 뒤쪽에 걸린 또 하나의 '옥산서원' 편액을 만날 수 있다. 추사 글씨 편액보다 크기가 작은데, 이것이 처음에 나라에서 내린 글씨로 된 편액이다. 글씨는 아계鵝溪 이산해(1539~1609)가 썼다. 『토정비결』의 저자인 토정土亭 이지함의 조카이기도 한 아계는 영의정까지 지낸 문신으로, 명필로도 유명했다. 6세 때부터 붓글씨를 쓴 아계는 어릴 때부터 글씨가 뛰어나서 명종에게 불려가 그 앞에서 글씨를 쓰기도 했다 한다.

편액의 왼쪽을 보면, 옛날 편액 글씨를 베껴 써 만들어 걸었다는 의미의 '구액모계舊額摹揭'라는 글이 새겨져 있다. 이로 보아 건물이 불탈 때 편액은 다 타지 않았거나, 아니면 그 글씨 원본이 남아 있어 그것으로 다시 새겨 만들었을 것으로 추정된다.

아계가 이 편액 글씨를 쓰게 된 것과 관련해 일화가 전한다.

선조가 옥산서원에 사액할 때 누구에게 글씨를 맡길 것인가를 두고 어전회의를 했다. 당시 석봉이 글씨로 이름을 날릴 때여서 다들 그를 암묵적으로 생각하고 있었다. 하지만 석봉의 나이가 젊어서, 선조 본인도 그의 글씨를 좋아했지만 예의상 대신들에게 글씨를 쓰고 싶은 사람이 있느냐고 물었다. 그런데 의외로 아계가 자신이 쓰겠다고 나섰다. 아계의 지위 등으로 보아 누가 뭐라고 하기도 어려운 상황이어서 그가 결국 편액 글씨를 쓰게 되었다고 한다. 석봉은 여러 다른 건물의 편액 글씨를 썼는데, '역락문', '무변루'와 함께 '구인당'도 그의 글씨다. 한편 두 개의 '옥산서원' 편액은 보통 편액과 달리 흰 바탕에 검은 글씨로 되어 있는데, 이는 임금이 하사한 편액이라서 그렇다고 한다.

옥산서원에 있는 석봉 한호 글씨 편액 '무변루'와 '구인당'.

# 회재가 벼슬에서 물러난 뒤 마련해 살았던 독락당

옥산서원 부근에 있는 독락당獨樂堂은 회재가 살던 집의 사랑채로, 보물 제413호로 지정된 건물이다.

벼슬길에서 밀려나 고향으로 내려온 회재는 옥산 계곡에서 자연과 책을 벗 삼으며 수도修道하는 은둔자의 삶을 살았다. 독락당을 지은 것은 그의 나이 42세가 되던 해인 1532년. 회재는 자신이 기거할 사랑채를 지어 '독락당'이라 이름 붙였다. 이듬해 독락당의 별당으로 '계정溪亭'을 지었다.

회재 이언적이 벼슬에서 밀려나 은거하던 곳인 독락당 계정에 걸린
'계정' 편액은 석봉 한호 글씨다.

주변의 청산과 계곡을 사랑했던 그는 독락당에 살면서 경관이 뛰어난 곳에 이름을 붙였는데 이른바 '사산오대四山五臺'이다. 마을을 둘러싼 네 개의 산을 화개산華蓋山, 자옥산紫玉山, 무학산舞鶴山, 도덕산道德山이라 부르고, 계곡 주변의 널찍한 암반석이 품고 있는 수려한 경관은 세심대洗心臺, 관어대觀漁臺, 탁영대擢纓臺, 징심대澄心臺, 영귀대詠歸臺라 불렀다.

자옥산에서 흘러내리는 계류를 따라 자리 잡고 있는 독락당은 집 안으로 들어가는 길이 복잡하게 되어 있는 구조다. 세상을 등지고 은거하는 선비의 의지를 보여 주듯 바깥의 사람들은 집 안을 쉽게 들여다 볼 수 없도록 하고, 출입도 어렵게 한 것인 듯하다.

여기에도 퇴계와 아계, 석봉 등의 글씨 편액이 곳곳에 걸려 있다. '옥산정사玉山精舍'와 '양진암養眞庵'은 퇴계의 글씨이고, '독락당'은 아계의 글씨다. 정자에 걸린 '계정'은 석봉의 글씨다.

경북 경주
# 용산서원

옥동玉洞 이서(1662~1723)가 유명한 명필인 것은 알고 있지만, 그의 글씨 편액은 본 적이 없었다. 그런데 잠와潛窩 최진립(1568~1636)을 기리는 서원인 경주 용산서원에서 그의 글씨 편액을 만날 수 있었다. 서원의 강당 건물에 걸린 '용산서원龍山書院' 편액이다. 기운이 넘치면서도 시원스러운 필체인데다 보기 드물게 큰 글씨의 편액이어서, 서원을 찾는 이들의 눈길을 끈다. 이 서원에 그의 글씨 편액이 하나 더 있다. 강당 건물 뒤에 있는, 그의 위패를 모신 사당에 걸린 '숭렬사우崇烈祠宇' 편액 글씨도 그의 것이다.

# 동국진체 개척자 옥동 이서의
# '용산서원', '숭렬사우'

용산서원 강당 처마에 걸린 '용산서원' 편액.
당대 최고 명필 옥동 이서가 썼다.

경주 용산서원(내남면 이조리)은 현재는 그 구성이 매우 단출하다. 대문을 들어
서면 강당인 민고당敏古堂 건물이 눈에 들어온다. 그리고 그 뒤에 사당인 숭렬사
우가 있다. 1699년에 건립된 용산서원은 고종 때인 1870년에 철폐되었다. 현재
의 건물은 1924년에 중건된 것이다. 이전에는 청풍루清風樓, 서원청書員廳 등 여러
건물이 있었다.

처음 용산서원을 들어섰을 때 가장 눈길을 끈 것이 강당 처마에 걸린 '용산서
원' 편액이었다. 편액은 강당 건물의 가운데 한 칸 너비 전체를 가득 채워 걸려 있
다. 편액에 새겨진 부드러우면서도 활달하고 기운찬 글씨가 눈길을 시원하게 했
다. 처음엔 누구 글씨인지 몰랐는데, 옥동 이서의 글씨라는 것을 알고 '역시 그랬
구나.' 하는 생각을 했다. 옥동은 조선 고유의 서풍이라 할 '동국진체東國眞體'를
개척한 명필이다. 이 편액은 검은 바탕에 흰 글씨이고, 특이하게 틀 부분을 녹색
으로 칠했다.

병자호란 때 순직한 잠와 최진립을 기리는 용산서원(경주시 내남면 이조리) 의 사당인 숭렬사우.

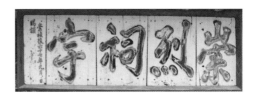

'숭렬사우' 편액. 옥동 이서의 글씨이다.

강당 뒤에 있는 사당의 편액 '숭렬사우'도 옥동의 글씨다. '용산서원' 글씨와 같은 필치. 이 편액은 '용산서원' 편액과 반대로 흰 바탕에 검은 글씨로 되어 있다. 이는 임금이 내린 편액이기 때문이다. 판자 하나에 한 글자씩 새겨져 있고,

왼쪽 끝에 작은 글씨로 '숭정후 육십칠년 구월 일 사액崇禎後 六十七年 九月 日 賜額' 이라는 글귀가 있다.

기존 자료에 따르면, 1695년에 잠와를 제향할 사당을 처음 세우려고 하다가 흉년으로 중단했고, 1699년에서야 건립했다. 이듬해에 사당에 잠와 위판이 봉안됐다. 1701년에는 강당인 민고당과 호덕재好德齋, 유예재遊藝齋 등이 완공됐다. 그 후 1711년(숙종 37년)에 나라에서 '숭렬사우'라는 사당 편액을 내렸다. 편액 글씨는 옥동 이서가 썼고, 기문은 그의 이복동생인 성호 이익이 지었다. '용산서원'이란 이름도 당시에 정해졌고, 그 편액도 옥동이 썼다.

그런데 '숭렬사우' 편액에 부기附記된 내용인 '숭정후 67년'은 1694년인데, 당시는 서원이 건립되기 전이다. '숭정후 67년'과 관련, 잠와의 후손인 최채량 씨는 다음과 같이 해석했다. 사액 결정은 1694년에 있었고 옥동의 편액 글씨도 그때 썼으나 당시는 사당이 건립되기 전이고, 사당이 건립된 후인 1711년에 사액 편액을 만들어 걸었던 것으로 보인다는 설명이다.

옥동이 이곳에 편액 글씨를 남긴 연유를 알 수 있는 기록은 없다. 당시 후손들이 잠와를 현창顯彰하기 위해 여러모로 공을 들였는데, 초당적超黨的으로 여러 정파의 인물로부터 신도비명神道碑銘(신도비는 세워 죽은 이의 사적事蹟을 기록해 묘 앞에 세운 비) 등을 받았다. 편액 글씨는 이 같은 차원에서 근기 남인近畿 南人(서울·경기 지방을 근거로 둔 붕당 정파)이며 성호 이익의 형인 당대 명필 옥동으로부터 받았을 것으로 추측된다.

# 용산서원이 기리는 잠와 최진립의 삶

용산서원에 배향된 잠와 최진립은 무과 급제 후 여러 벼슬을 거쳤으며, 병자호란 때 일흔의 나이로 전장에 달려가 분투하다 순직한 장수이자 청백리다.

1636년 병자호란으로 인조가 남한산성에서 청나라 군사들에 의해 포위당하게 되었다. 당시 충청도 관찰사 정세규가 왕의 밀지를 받고 군사를 거느리고 북으로 향하면서, 다른 장수에게 대신 군사를 맡기고 공주 영장營將이던 최진립에게는 연로하기 때문에 뒤에 천천히 따르라고 이야기했다. 그런데 용인 험천에 이르러 보니 그가 벌써 진중에 와 있었다.

관찰사가 어떻게 된 일인지 묻자 잠와는 "내 나이 늙어 결코 영장에는 합당하지 않아 다른 사람이 대신하게 함이 옳소. 하지만 임금께서 포위를 당하고 주장主將이 전장으로 달려가는데, 내 비록 영장 자리를 떠났다 한들 어찌 물러가리오."라고 답했다. 이어 "내 비록 늙어 잘 싸우지는 못할지언정 싸우다가 죽지도 못하겠는가[老者雖不能戰獨不能死耶]."고 말한 뒤 분연히 나아가 싸웠다.

결국 패색이 짙자 그는 주위를 둘러보고 "나는 여기서 한 걸음도 움직이지 않고 싸우다 죽을 것이지만 너희들은 나를 따르지 않아도 된다."고 말한 후 마지막까지 활을 쏘며 싸웠다. 나중에 그의 시체를 찾으니 화살이 수없이 박혀 고슴도치 가시털과 같았다.

이런 최후의 모습을 보였던 그는 평생 무신이자 공직자로서 청렴과 멸사봉공의 자세로 일관한 삶을 살았다. 이런 그의 삶을 조사·관찰한 관리는 그에 대해

"진짜 맑은 이[眞淸者], 억지로 맑은 이[强淸者], 가짜 맑은 이[詐淸者]가 있다. 세상에 청렴으로 이름난 자들 모두 거짓 아니면 억지인데, 잠와만이 진짜 청백리"라고 평가했다.

그의 인품을 엿볼 수 있는 일화도 감동적이다. 잠와를 평생 그림자처럼 따르며 진심으로 도운 노비가 있었다. 옥동玉洞과 기별奇別이다. 병자호란 때 잠와가 전장에서 마지막 순간, 따르는 자에게 후퇴를 명하고 옥동과 기별에게 "나는 마땅히 전장에서 죽으리니 너희 중에 나를 따를 사람은 이 옷을 받아 입어라."며 옷을 벗어 던졌다. 기별이 울면서 그 옷을 주워 입고 "주인이 충신이 되는데 어찌 종이 충노가 되지 않겠습니까."고 한 후 함께 싸우다 순사殉死했다. 후에 잠와의 시체를 찾았을 때 그들의 시체도 곁에 있었다.

후손들은 두 종의 충심을 기려 잠와 불천위 제사 때 이들의 신주도 함께 모셔 제사를 지내며 지금까지 기리고 있다. 1651년 잠와는 '정무貞武'라는 시호를 받고, 청백리에 선정됐다.

잠와를 기리는 용산서원은 무신을 기리는 서원으로, 매우 드문 경우이다. 또한, 제사와 강학講學이라는 통상적인 서원 기능 외에 주민에 대한 대출 등 금융 기능과 빈민 구제 역할을 한 것이 특징이다.

# 이서의 '옥동체'

옥동 이서는 정파적으로 남인에 속하는, 잘나가던 명문가 출신이었으나 그가 태어날 때는 가문이 정치적으로 몰락해 가는 시기였다. 21세 때 부친 이하진이 유배지에서 별세한 후 이서는 관계 진출을 포기하고 학문에 전념했다. 30세가 넘어 학문과 덕망으로 명성이 높아지자 박세채(1631~1695) 등의 천거로 찰방<sup>察訪</sup>에 임명되었으나 출사하지 않았다.

그는 부친(이하진)과 종조부(이지정) 등이 명필로 불리던 가문의 전통 속에서, 서예 공부에도 남다른 관심과 노력을 기울였다. 왕희지의 서예 법첩<sup>法帖</sup>인 『악의론<sup>樂毅論</sup>』에서 필력<sup>筆力</sup>을 얻었다는 그의 글씨는 '옥동체<sup>玉洞體</sup>'로 불리는 개성적인 서체를 개척해 후학들에게 큰 영향을 미쳤다. 그는 또한 우리나라 최초의 체계적인 서예 이론·비평서라 할 『필결<sup>筆訣</sup>』을 남긴 선구적 인물이기도 하다. 『필결』은 탁월한 도학자로서 지니고 있던, 세계와 인간에 대한 인식 체계와 우리나라 및 중국 서예사에 대한 해박한 식견은 물론, 깊은 사색과 유명 필적을 두루 섭렵함으로써 형성된 체험적 심미안을 바탕으로 기술한 저술이다. 그는 『필결』에서 시간이 흐르면서 개성 없는 서풍으로 전락한 조맹부와 한호의 서풍에 대해 극렬하게 비판했다.

성재<sup>省齋</sup> 허전(1797~1886)은 옥동의 행장<sup>行狀</sup>에서 그의 글씨에 대해 다음과 같이 평했다.

"선생은 필법에 있어서도 그 묘한 경지에 깊이 나아갔으니, 매산공(옥동의 부친)이 연경에 사신으로 갔을 때 왕희지가 쓴 『악의론』을 구입해 왔기 때문에 선생은 여기에서 필력을 얻은 것이다. 글자가 클수록 획은 더욱 웅대하고 걸출해 은으로 만든 고리나 철사로 꼰 새끼 같고, 자유분방하면서도 질서가 있어 태산같이 높은 산이 하늘까지 높이 솟아 우뚝 선 것 같으며, 기세가 웅장하고 형상이 엄정하다. 나라 사람들이 선생의 글씨를 얻어 글자 하나하나를 보배로 귀하게 여기며 '옥동체'라고 했다. 동국진체는 옥동으로부터 시작되었고, 그 후

옥동 이서의 글씨.

공재 윤두서, 백하 윤순, 원교 이광사 등은 모두 그 실마리를 이은 사람들이다. 원교가 일찍이 말하기를 '옥동의 글씨는 의론議論으로 감히 도달할 수 없는 경지이다.'고 했다."

그는 특히 큰 글씨大字에 특히 뛰어났는데, 이런 옥동에 대해 조카인 이용휴는 "큰 글씨는 신라와 고려 이래 한 사람뿐"이라고 말하기도 했다. 허전도 행장에서 "큰 글씨와 해서는 물론 행·초서 모두 참으로 정체正體인데, 자획字劃과 체상體像이 크고 기세가 웅장하다."고 평했다.

# 경남 산청 덕천서원
## 경의당

"배는 물 덕분에 나아가기도 하고, 물 때문에 전복되기도 한다. 백성은 물과 같다는 말은 옛날부터 있었다. 백성은 임금을 받들기도 하지만, 나라를 엎어 버리기도 한다."

남명南冥 조식(1501~1572)이 지은 글 「민암부民巖賦」 중 일부다. 배가 순항하고 조난을 당하지 않으려면 물의 이치를 알아야 하고 물을 무서워할 줄 알아야 하듯이, 군왕은 민심을 잘 알고 백성을 두려워할 줄 알아야 함을 강조하고 있다. 산림에 묻혀 살면서도 백성의 삶과 왕을 위해 왕실과 조정을 거침없이 비판한 남명은 '태산교악泰山喬嶽(성격이 산과 절벽처럼 거칠고 드세다는 뜻)', '추상열일秋霜烈日(형벌이 엄하고 권위가 있음)'의 기상으로 살았다.

"선비는 천자의 신하가 되지 않고 제후의 벗이 되지 아니한다."고 했던 그는 진정한 선비 정신을 일깨우고 심어 주었던 대표적 인물이다. 조선 시대 선비들은 기묘·을사사화 이후 벼슬에 나아가지 않고 아예 세상사를 외면하는 은둔자로 살거나, 불의를 당해도 수수방관하며 나약에 빠져 있는 경우가 많았다. 그런 시

남명 조식을 기려 지은 덕천서원의 강당인 경의당(왼쪽 건물).
'경의당'이란 명칭은 남명의 핵심 가르침인 '경의(敬義)' 정신을 본받고자 정한 것이다.

절 남명은 벼슬을 하지 않는 선비도 사회를 맑게 하고 기운을 바로잡는 중대한
직분이 있다는 것을 제시하고 실천해 보임으로써 선비 정신을 정립한 장본인이
다. 유학자가 재야의 비판 세력으로 자리 잡아 벼슬하지 않고 학문을 닦으며 후
학에게 전하는 것을 벼슬 생활을 하는 것보다 더 귀하게 여기게 한 것이다.

이렇게 조선의 선비 정신을 확립한 남명의 학행과 사상의 중심이 경敬과 의義
다. 덕천서원 강당 명칭인 '경의당敬義堂'은 조식의 이 같은 가르침을 잘 대변하고
있다.

# 남명 조식의 핵심 가르침 '경의敬義'

남명은 평생 산림처사로 있으면서 경의지학敬義之學을 바탕으로, 진정한 선비 정신을 철저하게 실천한 인물이다. '경敬'은 성인이 되는 수양 방법으로, 항상 깨어 있는 정신으로 매사에 거짓이 없고 도리에 어긋남이 없이 행동을 삼가는 것이다. '의義'는 올바른 것을 실천하며 옳지 않은 것을 부끄러워하고 미워하는 마음이라 할 수 있다. 남명 사상의 특징인 '경의' 사상은 조선 성리학의 실천적 학풍 전통을 계승, 위기지학爲己之學(인격수양 학문)의 바탕인 경과 함께 경을 외부로 실천하는 행위인 의를 아울러 강조함으로써 형성된 것이다.

남명은 자신이 항상 휴대하던 패검에 "경은 안으로 마음을 밝고 올바르게 하는 것이고內明者敬, 의는 밖으로 밝고 올바름을 실천하는 것外斷者義"이라고 새겼다. '경의검敬義劍'이라 불린 패검이다. 그리고 거처하는 방 벽에 특별히 '경의'를 크게 써 놓고 항상 경계의 지침으로 삼았다. 그리고 "오가吾家에 이 두 글자가 있는 것은 하늘에 일월이 있는 것과 같으니, 만고에 뻗치도록 바뀌지 않을 것이다. 성현의 천만 마디 이야기의 귀결점은 모두 이 두 글자를 벗어나지 않는다."고 강조했다. 그는 또 "서책을 의지해 의리를 강론하여도 실제로 체득함이 없는 것은 결국 소용이 없으니, 학자는 말을 잘하는 것을 귀하게 여기지 않아야 한다."며 언제나 실천을 촉구했다.

죽음을 앞두고도 문하생들에게 각별히 "경의, 이 두 글자는 학자에게 지극히 중요하다. 오로지 공부가 원숙해야 하나니, 원숙해지면 한 점의 티끌도 마음에 없을 것이다. 나는 이 경지에 이르지 못하고 죽는다."며 경 공부에 힘쓸 것을 강조했다.

경에 근본을 둔 정신 수양과 의에 바탕을 둔 투철한 실천 정신의 가르침은 제자들에게 전해졌고, 그 정신을 이은 제자들은 그것을 임진왜란 때 발휘해 국난 극복에 결정적 역할을 함으로써 남명의 가르침은 더욱 빛나게 되었다. 성호 이익은 "대체로 우도(경상도를 둘로 나누었을 때 왼쪽 편을 말함) 사람들은 선량하면서도 정의로운데 이는 남명의 기풍을 본받아서이다."고 평했다.

남명을 기리기 위해 1576년 후학들이 창건한 덕천서원(1609년 사액)의 강당 이름은 이런 남명의 핵심 가르침을 본받자는 의미로 '경의당'으로 정했다. 동재東齋와 서재西齋의 이름을 한때 '경재敬齋'와 '의재義齋'로 부르기도 했는데, 남명의 후학들이 선생의 가르침을 얼마나 중요시했는지 엿볼 수 있다.

'경의당' 편액은 약헌約軒 하용제(1854~1919)의 글씨다. 산청(단성면) 남사마을 출신인 약헌은 무과 급제 후 벼슬을 하기도 했으나 면우 곽종석의 가르침을 받으며 유학에 천착한 인물로, 1919년 유림의 독립운동인 파리장서운동(유학자들이 파리 강화회의에 조선의 독립을 호소하는 서한을 보낸 사건)에 동참했다가 투옥된 뒤 고문의 여독으로 사망했다. 이 글씨는 약헌이 별세한 해인 1919년에 쓴 것으로 보인다. 덕천서원 출입문에 걸린 '시정문時靜門' 편액도 그의 글씨로 추정된다.

강당 건물 처마에 걸린 '덕천서원德川書院' 편액은 모정慕亭 배대유(1563~1632)의 글씨라고 한다. 학자이자 문신인 모정은 문장과 글씨에 능했으며, 특히 초서와 예서에 뛰어났다. 한훤당寒暄堂 김굉필을 기리는 '도동서원' 사액 현판이 그의 글

덕천서원 경의당(위)과 마루 위에 걸린 '경의당' 편액.
약헌 하용제 글씨다.

씨이고, 내암來庵 정인홍(1535~1623)이 지은 남명 신도비명 글씨도 모정이 썼다.

모정은 내암의 제자이고, 내암은 남명의 수제자이다.

# 임종 때 자신을 '처사'로 불러 달라고 한 남명

남명은 합천(삼가면 토동)에서 태어나 자라다가, 아버지가 과거에 급제해 벼슬 길에 오르자 서울로 따라가 부친에게 글을 배웠다. 20세(1520년)에 생원·진사 초시에 급제했으나 기묘사화가 일어나 개혁의 기수인 정암 조광조가 죽고 숙부 조언경마저 멸문의 화를 당하자 벼슬의 길을 단념하게 되었다. 남명은 25세 때 산사에서 벗들과 『성리대전』을 읽다가 송나라 말기 학자 노재魯齋 허형이 말한 "이윤伊尹이 뜻한 바를 뜻으로 삼고 안연顔淵(중국 춘추시대 노나라의 현인)이 배운 바를 배워서, 벼슬을 하면 크고 유익한 일을 하고 초야에 있으면 지조를 지켜야 한다. 대장부라면 마땅히 이와 같아야 한다. 벼슬에 나아가서도 하는 일이 없고 속세에 묻혀서 지키는 것도 없다면, 뜻한 바와 배운 것을 무엇에 쓰겠는가."는 대목을 접하고, 이전의 학문이 옳지 않았음을 깨닫게 된다. 이후 성현의 학문에 전념했다.

항상 '성성자惺惺子'라 이름 지은 쇠방울을 차고 다니고, 성현들의 초상을 그려 수시로 마주하며, 또한 경의검을 휴대했다. 그리고 허리띠에는 "혀는 새는 것이요, 가죽은 묶는 것이다. 살아 있는 용을 묶어 깊은 곳에 감춰두라."는 글을 새겨 차고 다니면서 성현들의 가르침을 잠시도 잊지 않고 실천하려 최선을 다했다.

김해 산해정과 합천 뇌룡정 시절을 거쳐 61세(1561년)가 되자 남명은 일생의 마지막 도장으로 지리산 천왕봉을 바라보는 덕산의 사륜동에 산천재山天齋를 짓고 자신의 학문과 정신, 사상을 후학들에게 전했다. 남명이 이때 지은 시 〈덕산에 살 곳을 잡고서〉라는 시다.

"봄 산 어디엔들 향기로운 풀 없을까마는/ 다만 천왕봉이 하늘과 가까이 있는 것을 사랑해서라네./ 맨손으로 돌아왔으니 무엇을 먹을 것인가./ 은빛 물줄기 10리나 뻗었으니 도리어 마시고도 남음이 있다네."

1572년 산천재에서 운명한 남명은 운명 전에 문병 온 김우옹, 정구, 하항, 노옥계에게 사후의 칭호를 '처사處士'로 할 것과 자신의 학문은 '경의' 두 글자에 집약되는데, 이는 하늘의 일월처럼 변함없는 진리이니 힘써 따를 것을 당부했다. 산천재에 걸린 전서 '산천재' 편액은 송하松下 조윤형(1725~1799)의 글씨라고 한다.

남명이 지리산 천왕봉을 바라보며 학문을 닦고 기상을 키우던 산천재. 남명은 이곳에서 별세했다. 오른쪽은 산천재 편액.

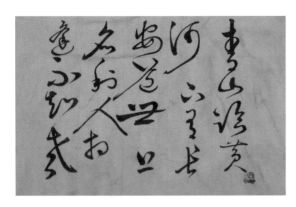
남명 조식의 친필 한시.

남명이 벼슬에 응하지 않은 이유는 나라에서 내린 벼슬이 경륜을 펼 수 있는 자리가 아니었기 때문이기도 하지만, 그것보다는 선비가 추구해야 할 가치가 벼슬만이 제일이 아니라 바로 처사의 지조와 절개로 세상과 민중을 일깨우고 발전시키는데 있다는 것을 보여 주기 위해서였다. 그의 우뚝한 처신은 실제 '재야 선비가 벼슬아치보다 존중받는 분위기'를 만드는 초석이 되었다.

# 왕실과 조정에 경종 울린 「단성소」

남명이 1555년 단성丹城 현감縣監을 사직하며 임금에게 올린 상소문인 「을묘사직소」, 소위 「단성소丹城疏」에는 당시 정치제도나 군신 관계로 볼 때 감히 상상하기 어려운 극언들이 포함돼 있다. 이 「단성소」는 명종 임금과 대비大妃를 진노하게 하고 조정의 중신들을 놀라게 함은 물론, 온 지식인들도 겁에 질려 손에 땀을 쥐게 한 것으로 유명하다. 그 일부를 소개한다.

"새로 단성 현감에 제수된 신臣 조식은 황공하여 머리를 조아리고 주상 전하께 상소를 올립니다. … 신이 나아가기 어렵게 여기는 데는 두 가지 이유가 있습니다. 지금 신의 나이 60에 가까웠으나 학문이 거칠어 문장은 병과兵科의 반열에도 끼지 못하고 행실은 쇄소灑掃의 일도 맡기에 부족합니다. … 전하의 국사가 이미 잘못되고 나라의 근본이 이미 망해, 하늘의 뜻이 이미 떠나고 인심도 떠났습니다. 비유하자면 마치 100년 된 큰 나무에 벌레가 속을 갉아먹어 진액이 다 말랐는데, 회오리바람과 사나운 비가 언제 닥쳐올지 모르는 것과 같이 된 지가 오래입니다. 조정에 충성된 뜻을 가진 선비와 근면한 양신良臣이 없는 것은 아니나, 그 형세가 극도에 달해 지탱해 나갈 수 없어 사방을 둘러보아도 손을 쓸 곳이 없음을 이미 알고 있기에, 아래의 소관小官은 시시덕거리며 주색이나 즐기고 위의 대관大官은 어물거리면서 뇌물을 챙겨 재산만 불리는데도 근본 병통病痛을 바로잡으려고 하지 않습니다. 더구나 내신內臣은 자기 세력을 심어서 못 속의 용처럼 세력을 독점하고 외신外臣은 백성의 재물을 긁어 들여 들판의 이리처럼 날뛰니 이는 가죽이 다 해지면 털도 붙어 있을 데가 없다는 것을 모르는 처사입니다.

… 자전慈殿(왕의 어머니)께서 생각이 깊다고 하지만 역시 깊은 궁중의 한 과부에 불과하고, 전하께서는 어리시어 단지 선왕의 한낱 후사後嗣에 불과합니다. 그러니 수많은 종류의 천재天災와 억만 갈래의 인심을 무엇으로 감당해 내며 어떻게 수습하겠습니까. … 삼가 바라건대 전하께서는 반드시 마음을 바로잡는 것으로 백성을 새롭게 하는 요체로 삼으시고, 몸을 닦는 것으로 사람을 임용하는 근본을 삼으셔서 왕도의 법을 세우소서. 왕도의 법이 법답지 못하게 되면 나라가 나라답지 못하게 됩니다. 삼가 밝게 살피소서. 신 조식은 황송함을 가누지 못하고 삼가 죽음을 무릅쓰고 아룁니다.˝

# 전남 장성 필암서원
# 확연루

장성 필암서원(전남 장성군 황룡면 필암리)은 하서河西 김인후(1510~1560)의 학덕을 기리는 서원이다. 하서는 호남 출신으로는 유일하게 문묘에 배향(1796년)된 인물이다. 이 필암서원은 경상도의 서원이 대부분 산비탈에 건립된 것과는 달리 야산 아래 평지에 세워져 색다른 분위기를 느끼게 했다.

필암서원의 역사는 1590년 호남 유림이 하서의 도학을 추모하기 위해 황룡면 기산리에 사당을 창건해 위패를 모시면서 시작됐다. 1597년 정유재란으로 사당이 소실되자 1624년에 복원하였으며, 1662년(현종 3년) 지방 유림의 청액소請額疏에 의해 '필암筆巖'이라고 사액賜額 되어 서원으로 승격되었다. 1672년 현재의 위치로 이건하고 1786년에는 고암鼓巖 양자징(1532~1594)을 추가 배향配享했다. 대원군의 서원 철폐 때 훼철하지 않은 47개 서원 중의 하나다. '필암'이라 이름 지은 것은 하서의 고향(황룡면 맥동)에 붓처럼 생긴 바위가 있기 때문이었다.

이 서원은 강학 공간인 강당이 사당을 향해 북쪽을 바라보고 있는 구조라는 점이 특이하다. 건물 남쪽 면은 벽을 설치하고 창문을 내었으나, 북쪽 면은 기

하서 김인후를 기리는 필암서원의 누각인 확연루.

'확연루' 편액. 우암 송시열이 직접 이름을 짓고, 글씨도 썼다.

둥 사이에 벽을 설치하지 않고 비워 놓은 것이다. 서원 문인 누각도 유사한 구조다. 이 역시 경상도의 서원과 다른 점이다. 이곳에서는 양송체兩宋體의 주인공인 송시열·송준길의 글씨 편액, 그리고 정조 임금의 글씨 편액을 만날 수 있다.

## 하서 김인후의 학덕을 표현한 '확연루'

필암서원 앞에 서면 누각에 걸린, 파란색 바탕에 흰 글씨의 '확연루廓然樓' 편액이 눈길을 끈다. 힘차고 장중한 글씨이면서, 이름 또한 누각 명칭으로는 다소 생소하게 느껴지기 때문이다.

이 편액은 우암尤庵 송시열(1607~1689)의 글씨다. 조광조-이이-김장생으로 이어진 조선 기호학파의 학통을 충실히 계승한 우암은 보수적 정통 성리학자로 북벌론의 중심인물이었다. 강직한 성품을 지녔던 우암의 기질이 드러나는 글씨라하겠다.

확연루의 '확연'은 '확연대공廓然大公'에서 온 말로, '거리낌 없이 넓게 탁 트여 크게 공평무사하다.'는 의미다. 이는 널리 모든 사물에 사심이 없이 공평한 성인의 마음을 배우는, 군자의 학문하는 태도를 뜻한다.

누각 이름을 지은 연유를 기록한「확연루기」에 의하면 "정자程子의 말에 군자의 학문은 확연하여 크게 공정하다 했고, 하서 선생은 가슴이 맑고 깨끗해 확연하며 크게 공정하므로" 우암이 특별히 '확연'이란 두 글자를 택했다고 한다.

확연루를 통과해 들어가면 강당 건물이 가로막는데, 옆을 돌아 강당 마루에 올라서면 마루 위에 걸린 작은 편액 '청절당淸節堂'이 눈에 들어온다. 이 강당 건물은 옛 지원현珍原縣의 객사 건물을 옮겨온 것이라고 한다. 청절당이란 이름은 우암이 쓴 하서 신도비문 중 '청풍대절淸風大節'이라는 문구에서 따온 것이고, 편액 글씨는 동춘당同春堂 송준길(1606~1672)이 썼다. 이 역시 하서의 인품을 대변하고 있다.

우암과 함께 기호 학맥을 이은 동춘당 역시 글씨를 잘 썼으며, 우암과 함께 웅건한 글씨체로 널리 알려진 양송체의 또 다른 주인공이다. 강당 앞 동·서재의 '진덕재進德齋'와 '숭의재崇義齋' 편액도 그가 썼다.

강당 건물 처마에 달린 '필암서원筆巖書院' 편액은 병계屛溪 윤봉구(1681~1767)의 글씨다. 사액 편액이라 흰 바탕에 검은 글씨로 되어 있다. 병계는 우암 송시열의 수제자인 수암遂菴 권상하(1641~1721) 문하에서 수학, 우암의 학통을 계승한 대표적 학자이다.

강당 맞은편에 있는 사당 '우동사祐東祠'에는 하서와 고암의 위패가 봉안돼 있다. 편액 글씨는 주자의 글씨에서 집자集子·집획集劃한 것이라고 한다.

중국의 장시 성江西省 싱쯔 현星子縣 뤼산廬山 북쪽 오로봉五老峯 아래에 중국의 4대 서원으로 손꼽히는 백록동서원白鹿洞書院이 있었다. 이 서원에서는 초대 백록동서원장이었던 주자의 친필을 판각한 '경재잠판譬齋箴版'을 보관했었다. 그런데 폭우로 인하여 건축물이 파손되면서, 그 판각들이 양쯔 강을 따라 내려와 우리나라 서해안 강진 앞바다에까지 떠밀려 온 것을 어부들이 발견하고, 이를 수집·운반해 강진향교에 보관하게 되었다. 이 소식을 들은 필암서원 관계자들이 강진향교를 찾아가 '우동사祐東祠' 글자를 집자하고 집획해서 편액을 제작했다고 전한다.

하서 김인후의 친필.

## 인종이 하서에게 하사한 묵죽도 보관하는 '경장각' 편액은 정조 글씨

필암서원이 기리는 하서는 고고한 절의와 깨끗한 인품을 지닌 도학자였다. 18세 때 벌써 학문하는 자세에 대해 '가을의 맑은 물과 얼음 항아리秋水氷壺 같다.'는 칭찬을 들었던 하서는 31세에 문과에 급제한 뒤, 34세 때는 후일 인종이 되는 세자의 학문을 담당하는 시강侍講이 되었다. 이때 세자는 하서의 학문과 덕행에 감동해 손수 묵죽도 한 폭을 그려 하사했다.

36세 되던 해 인종이 즉위하자 하서는 큰 기대를 했으나 같은 해 7월 인종이 갑자기 승하했다. 이에 관직을 사직하고 낙향해 세상과 인연을 끊은 채 학문을

인중이 세자 시절
하서 김인후에게 그려 준 묵죽도.

닦으며 평생을 보냈다. 명종 즉위 후 여러 차례 벼슬에 제수되었으나 병을 이유로 한 번도 취임하지 않았다. 인종에 대한 절의를 끝까지 저버리지 않았던 것이다. 그리고 향리에서 일재一齋 이항(1499~1576), 고봉高峯 기대승(1527~1572) 등과 교유하며 성리학을 연구하고 후학을 양성했다. 송강松江 정철, 고암 양자징 등 많은 인재를 길러냈다.

시작詩作에도 각별한 소질을 드러냈던 그는 1천6백여 수의 시도 남겼는데, "청산도 절로 절로 녹수도 절로 절로/ 산 절로 수 절로 산수 간에 나도 절로/ 이 중에 절로 자란 몸 늙기도 절로 하여라."는 시조는 그 대표작이다.

필암서원 사당 앞에는 다른 서원에서는 볼 수 없는 특별한 건물이 하나 있다.

경장각敬藏閣이다. 이곳에는 인종이 세자 시절(1543년) 하서에게 『주자대전』한 질과 함께 손수 그려 하사한 〈인종대왕묵죽도〉와 그 목판이 소장돼 있다. 이 묵죽도는 훗날 하서의 높은 절의를 표시하는 상징물이 되었다. 바위 주위에 솟아 있는 대나무를 그린 이 그림에는 인종이 하서에게 그림을 보고 쓰라고 해서 쓰게 된 화제畫題도 있다. 보기 드문 군신君臣 합작품이다.

"뿌리와 가지, 마디, 잎이 모두 정미하고 根枝節葉盡精微/ 돌은 벗인 양 주위에 둘러 있네 石友精神在範圍./ 이제야 알겠다, 성스러운 솜씨의 조화를 始覺聖神侔造化./ 하늘과 땅 훈훈한 기운 속에 잘도 자라난다 一團天地不能違."

경장각 편액 글씨는 정조가 초서로 쓴 친필이다. '경장각'은 '왕가 조상의 유묵을 공경스럽게 소장하라.'는 의미를 담고 있다.

하서의 덕행과 절의를 높게 평가한 정조는 하서를 문묘에 배향코자 할 때, 급히 장성으로 파발을 보내 선왕이었던 인종이 하사한 묵죽도의 보관 여부를 확인하고, 내탕금內帑金(조선 시대에 왕이 개인적으로 쓰던 비상금)을 내려 경장각을 세운 뒤 하서 종가에서 귀중히 간직해 온 묵죽도를 경장각으로 옮겨 소장하게 했다. 그리고 편액 글씨를 친히 써서 내렸던 것이다. 경장각 편액은 왕의 친필이어서 벌레나 새 등을 막기 위해 망이 쳐져 있다.

정조의 초서 편액인 '경장각(敬藏閣)'

# 양송체兩宋體란

　양송체는 우암 송시열과 동춘당 송준길 두 사람의 글씨체를 말한다. 이들은 율곡학파의 적통을 이었으므로 율곡을 사숙한 석봉 한호의 글씨체를 썼지만, 석봉체의 골격을 가지면서도 웅건장중雄健壯重한 무게와 기품을 더해 별도의 품격을 가진 서체를 만들었다.

　양송체의 등장에는 배경이 있다. 석봉은 성리학자라기보다는 서예가라고 할 수 있는 인물이다. 따라서 그의 글씨가 조선의 국서체가 된 것에 대해 사림은 자존심이 상했다. 그런 상황에서 당대의 대학자 두 명이 의기투합해 새로운 글씨체를 만들자 사림들은 환영할 수밖에 없었다. 그래서 당시에는 우암에게 글을 받고, 동춘당에게 글씨를 받아 비석 등을 세우는 것이 크게 유행했다.

　동춘당의 글씨가 송설체와 석봉체를 바탕으로 안진경체의 비후미肥厚味를 더해 유려하고 활기차다면, 우암은 안진경체를 더 깊이 받아들여 안진경체의 웅건장중미가 더욱 돋보였다. 이에 따라 양송체는 근엄장중謹嚴壯重하고 원만웅건圓滿雄健한 특징을 띠게 되었다. 또한, 이때의 안진경체 수용은 조선 후기 안진경체 유행의 계기가 되었다.

　이들을 추종하는 많은 유림이 그 서체를 배워 쓰게 되는데, 이의현(1669~1745)

의 함안 '조려신도비趙旅神道碑'(1726년), 이간(1677~1727)의 부여 '의열사비義烈祠碑'(1723년), 이양신(1689~1739)의 정읍 '송시열수명유허비宋時烈受命遺墟碑'(1731년), 민우수(1694~1756)의 순창 '삼인대비三印臺碑'(1744년), 홍계희(1703~1771)의 완주 '안심사사적비安心寺事蹟碑'(1759년) 등에서 이를 확인할 수 있다.

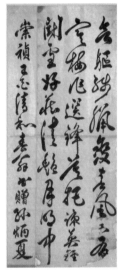

양송체(兩宋體) 주인공인 송시열 글씨(왼쪽)와 송준길 글씨.

# 경북 안동 송암구택
# 관물당, 한서재

"선비는 무엇을 일삼아야 하느냐, 뜻을 높게 가질 뿐이로다. / 과거 급제는 내 뜻을 훼손하고 이익과 출세란 덕을 해치는 것이로다. / 모름지기 책 가운데서 성현을 모시고/ 언어와 정신을 맑은 달밤에 잘 가다듬고 고요히 수양하여/ 내 한 몸이 바르게 된다면 어디라도 못 가리오. / 굽어보고 쳐다보아 크고 넓게 포용하는 모습으로 왕래가 편해지니/ 내 갈 길을 알아 뜻을 세우지 아니하리오. / 벽처럼 선 낭떠러지 만 길은 되는데 내 마음은 활달하여 작은 일에 구애되지 않고 변하지 않느니/ 뜻이 커서 말하는 것이 시원스러운 데다 책 읽어 아득한 옛 현인을 벗으로 삼는 광경, 그것이야말로 어떻습니까."

송암松巖 권호문(1532~1587)의 경기체가 형식의 시가詩歌인 〈독락팔곡獨樂八曲〉 중 3연이다. 송암의 삶을 잘 드러내고 있다. 퇴계 이황의 제자로, 퇴계로부터 '소쇄산림지풍瀟灑山林之風이 있다.'는 평을 들었던 그는 고향 안동의 자연 속에 묻혀 평생 고고하게 산 선비였다. 벗인 서애西厓 류성룡도 송암을 '강호고사江湖高士'라 불렀다. 자연 속의 한가한 삶을 노래한 그의 연시조 작품 〈한거십팔곡閑居十八曲〉도 유명하다.

이런 삶을 산 송암이 학문을 닦고 심신을 수양하며 시를 짓던 거처가 송암구택(안동시 서후면 교리)의 관물당觀物堂과 한서재寒棲齋다. 해당 기문記文을 통해 '강호고사'의 뜻을 살펴본다.


## 사물을 보며 이치를 깨닫고 수양하던 '관물당'

1569년에 지은 관물당에 처음 걸려 있던 당호堂號는 '관아재觀我齋'와 '집경당執競堂'이었다. 시를 읊조리고 풍류를 즐기는 공간이지만, 마음이 풀어지지 않도록 경계하고자 하는 의미에서 송암이 지은 것이다. 후에 스승인 퇴계가 이를 보고 당호와 추구하는 삶이 다소 어긋나기에 '관물당觀物堂'으로 지어 주었다. '관물'은 개인의 편협한 마음으로 사물을 보지 말고 사물의 마음으로 사물을 바라보며, 나아가 만물에 구비되어 있는 이치로써 사물을 바라보라는 의미다. 즉, 개울과 산을 즐기되 거기에 내재된 이치를 살피고, 이를 수양의 바탕으로 삼으라는 뜻을 담은 것이다.

송암이 지은 「관물당기觀物堂記」의 내용 중 일부다.

"기사년(1569년)에 조카 도가道可가 집안일을 맡고 있었는데, 자못 재력이 넉넉해져서 나의 뜻을 이루어 주려 했다. 칠월 농사를 짓다 짬을 내어 목수에게 재목을 모으도록 하고, 송암의 서쪽에 작은 집을 짓기 시작해 넉 달이 걸려 공사를

송암 권호문이 수양하며 시를 짓던 관물당(안동시 서후면 교리). 송암구택(松巖舊宅)에 딸린 건물로, 당호는 스승인 퇴계 이황이 지어준 것이다. 관물당 앞에 한서재가 있다.

마치게 되었다. 나는 마침 그 해에 오랫동안 서울에 있었는데 11월에 돌아와서 보니 처마나 기둥이 높고 견고하게 솟아 있었다. 구조가 비록 내 마음에 흡족하지는 않았으나 그 형세가 탁 트이고 활달해 가히 경치를 구경하거나 자고 하기에 알맞았다.

이듬해 봄에 기와를 덮고 판자로 단장했다. 반은 따스한 온돌방으로 만들고, 반은 시원한 마루를 만들었다. 구석진 벽에는 책을 보관하고 앞쪽의 빈 곳은 난간을 둘렀더니, 시인 묵객이 거처할 만했다. 이에 내가 이름을 '관아재'라 하고 '집경당'이라 했으나, 퇴계 선생의 가르침을 따라 '관물당'으로 이름을 바꾸었다.

… 사람이 능히 천지의 만물을 보면서 그 원리를 연구해 알아낸다면, 최상의 영물로 부끄러움이 없을 것이다. 능히 천지 만물을 보지 못하고 그것이 어디에서 왔는지에 어둡다면, 박아博雅한 군자라 할 수 있겠는가. 그렇다면 당堂에서 어찌 다만 외물만 눈으로 보고 연구하는 실행이 없어서 되겠는가?

… 하나의 사물을 보면 한 가지 사물의 원리가 있을 것이고, 만물을 보면 만물의 원리가 있을 것이다. 하나의 근본에서부터 만 가지 특수함으로 분산되기도 하고, 만 가지 특수함을 추리해 하나의 근본으로 이르기도 하나니, 그 유행하는 미묘함이 어쩌면 그다지도 지대할까? 그러므로 사물을 관찰하는 자가 눈으로 관찰하는 것은 마음으로 관찰하는 것만 같지 못하며, 마음으로 관찰하는 것은 원리로서 관찰하는 것만 같지 않으니, 만약에 능히 원리로서 관찰할 수 있다면 뚜렷하게 만물이 모두 나에게 갖추어질 것이다.

소자邵子(송나라 여섯 군자 중 한 사람)는 이르기를 '사람은 천지 만물의 도를 능히 알아야 사람의 도리를 다할 수 있다.'고 했고, 증자曾子(춘추시대 유학자)는 이르기를 '앎을 투철히 하는 것은 사물을 규명하는 데 있다.'고 하였다. 진실로 이 집에 거처하면서 격물치지格物致知의 공부에 힘을 들여 사람의 도를 깨닫는다면, 관물당이라 명명한 뜻을 저버리지 않을 것이다."

# 한서재에서 누리는 여덟 가지 즐거움

송암은 이에 앞서 갓 스물이 된 1551년에 '한서재'를 지었다. 이때 남긴 「송암 한서재기松巖寒棲齋記」를 보면 일찍부터 강호에 노니는 것이 본래 그의 취향이었음을 알 수 있다.

"안동은 본래 우리 시조의 봉함을 받은 곳으로, 그 산천의 형세는 영남의 으뜸이다. 관아 서쪽 10리 남짓한 곳에 마을이 하나 있는데, 이름을 송방리라고 한다. 선대로부터 이곳에 터를 잡고 살아온 지가 100여 년이나 되었다. … 마침 금년 가을 글을 다듬는 여가에 앞쪽 시냇가를 거닐다가 우연히 소나무 밑 아슬아슬한 바위 모서리에 앉아서 멀리 바라보니, 충분히 깃들어 살 만했다. 이에 산 능선을 깎아 초가를 지었다. 한 칸은 따뜻한 방으로 하고, 두 칸은 시원한 마루로 만들었다.

… 동쪽으로는 모래사장과 시냇물을 누르고 있고, 서쪽으로는 학가산이 읍을 하는 듯이 구부려져 있다. 남쪽은 청성산이 솟아 있고, 북쪽은 천등산이 감싸고 있다. 유유자적하며 물상物象을 찾아다니노라면 들판의 푸른 풀, 긴 제방의 파란 버들, 봄날의 안개와 가을의 비, 아침 햇살과 저녁노을 등이 사시사철의 아름다운 흥취를 제공해 주며 세속의 티끌 묻은 생각을 씻어 준다."

그는 이어 한서재에서 누리는 즐거움 여덟 가지를 다음과 같이 읊었다.

"때때로 상쾌한 바람이 베개 옆으로 불어오고 녹음 그늘이 마루에 드리우면 팔을 베고 조는 것[松陰晝眠]이 그 첫째이고, 봄이 저물어 긴 제방의 수양버들이 어른거리고 꾀꼬리의 지저귐이 바뀔 무렵에 주렴을 걷고 이를 듣는 것[柳幕鶯歌]이 그 둘째다. 들판에 낙조가 드리울 때 작은 삿갓을 쓴 초동이 송아지를 타고 피리를 불며 지나가면 난간에 기대 듣는 것[遠村牧笛]이 그 셋째이며, 물 맑은 냇가에서 발을 씻고 둥근 바위에 기대앉아 바람결을 맞으며 갓을 벗어 놓고 머리를 드러 낸 채 시를 읊는 것[岸巾石]이 그 넷째이며, 매우[梅雨]가 그칠 때 미풍이 불어오고 방죽에 푸른 물결이 찰랑찰랑 일면 난간에 기대어 구경하는 것[麥浪波]이 그 다섯 째다. 봄바람이 따스하여 산뜻하고 고운 천만 가지 꽃들이 원림에 난만하면 축 대에 앉아서 구경하는 것[看花臺]이 그 여섯째이고, 여름날이 길어 가시 사립문을 닫고 낮잠을 자는데 이웃의 벗이 문을 두드리면 한가롭게 바둑이나 장기를 두 는 것[消日局]이 그 일곱째다. 고요한 밤 그윽한 창가에서 책을 덮고 홀로 앉아 달그림자가 비치면 거문고에 노래를 실어 회포를 푸는 것[對月琴]이 그 여덟째다."

그리고 궁벽한 곳에 거처하며 가난을 즐기고 도서의 향기로움을 맛보면서, 자 신의 뜻을 갈고 닦으며 한가롭게 지내다가 이 세상을 마친다면 그 즐거움이 충 분할 것이라며 마무리하고 있다.

'한서재' 편액.

# 송암이 미녀 서시보다 사랑한 청성산

송암은 또한 고향의 산인 청성산青城山을 누구보다 사랑했다. 청성산은 낙동강이 바로 앞을 지나가는, 높지 않은 산(252미터)이다. 그가 지은「성산기城山記」의 마지막 부분이다.

"내가 더벅머리 시절부터 책상을 지고 오르내린 것이 1년에 두세 번이었다. 이산을 사랑한 것이 미녀 서시西施 이상이었다. 오래 이별하면 늘 꿈속에 들어오고, 와서 찾게 되면 늘 그 모습을 마주할 수 있었다. 정이 붙어 정말 잠시도 떨어질 수 없었다. 푸른 절벽에 초가를 지어 허망한 반평생을 보낼 곳으로 삼고자 한 지 몇 년이 지나도록 과거 시험에 빠져 오래 몸을 빼내지 못했다."

시를 통해서도 청성산을 사랑하는 마음을 표현했다.

"성산을 사랑함이 가인을 사랑함과 같구나 愛城山似愛佳人./ 참모습과 깊은 정이 비 그치자 새롭도다 眞態濃情雨後新./ 헤어진 후 10리 길 와서 하룻밤 지났는데 十里別來經一夜/ 두어 봉우리 푸르게 꿈에 자꾸 나타나네 數峯靑繞夢魂頻."

송암은 모친상을 마친 1566년 관물당을 떠나 아예 청성산으로 들어가 살고자 했다. 그래서 낙동강 변 청성산 기슭에 연어헌鳶魚軒을 지었다. 연어는 시경에 나오는 '연비어약鳶飛魚躍(솔개가 날고 물고기가 뜀)'에서 따온 말로, '만물이 우주의 이치에 순응하며 살아가는 모습'을 비유해 표현한 것이다.

송암을 기려 건립한 청성서원.

그는 1573년에는 또 청성산에 '청성정사'를 지어 후학을 지도하며 유유자적하다 세상을 하직한다. 죽은 후에는 청성산에 묻혔고, 후일 묘 아래 건립된 청성서원에 그의 위패가 봉안됐다.

송암의 벗인 학봉 김성일이 송암 영전에 올린 제문 중 일부다.

"나의 벗 청성산인 혼령이여/ 빈 배 같은 신세였고/ 늙은 학 같은 신세였지./ 바람과 달 같은 마음이었고/ 강호에서 살아야 할 성품이었지./ 그 지조는 옥과 같이 곧고 곧았고/ 그 모습은 난과 같이 아름다웠지./ … 그 무엇이 그대를 즐겁게 했나./ 사방 벽에 놓여 있는 책들이었지./ 어디에다 그대 흥취 붙였나./ 시 읊고 술 마시는 두 가지였네."

# 사찰에 걸린 현판

## 절집에서 듣는 이야기

# 경북 영주 부석사
# 무량수전

영주 부석사의 본전本殿인 무량수전은 1962년에 국보 제18호로 지정된, 더없이 귀중한 문화재다. 석가모니불을 모시는 대웅전과는 달리, 무량수전無量壽殿은 서방 극락세계에 살면서 중생에게 자비를 베푸는 아미타불을 모시고 있다. 아미타불은 무량수불 또는 무량광불無量光佛이라고도 한다.

아미타불의 광명은 끝이 없어 백천억 불국토를 비추고 [無量光], 수명 또한 한량없어 백천억 겁으로도 헤아릴 수 없다 [無量壽]고 한다. 이 부처님을 모신 전각이 무량수전이다. 극락보전·아미타전·보광명전普光明殿이라고도 한다. 불상은 동쪽으로 향하고 있다.

이 무량수전은 그동안 몇 차례 보수는 있었지만 650여 년 전의 모습을 그대로 보여 주고 있다. 우리 조상들의 뛰어난 안목과 기술, 지혜를 새삼 확인하게 되는 건물이다. 이 건물

부석사 무량수전 처마에 걸려있는 공민왕 글씨
'무량수전(無量壽殿)' 현판.

에 더욱 생명을 불어넣고 있는 것이 있다. 바로 건물의 화룡점정에 해당하는 '무량수전' 현판이다.

현판 틀의 모양과 장식이 유례를 찾기 어려울 정도로 특별하다. 그리고 일반적인 현판 형식과 다르게 네 글자를 세로 두 줄로 쓴 것도 특이하지만, 무엇보다 현판의 고색창연함이 눈길을 끈다. 아마도 650여 년 전 건물을 중창하고 새로 단 당시의 현판인 것으로 보인다. 처음 만들었을 때는 검은색 바탕에 글씨 부분을 금칠한 현판이었던 모양인데, 지금은 검은색도 바랬고 글자 부분의 칠은 거의 다 벗겨지고 말았다. 테두리 색도 많이 바랬다. 그러나 글자 부분을 자세히 보면 금칠 흔적이 지금도 조금 남아 있음을 확인할 수 있다.

이 현판 글씨의 주인공은 고려 공민왕이다. 현판 뒤에 공민왕 친필이라는 기록이 있다고 한다. 이 현판이 650여 년 전에 만든 것이라면, 우리나라 사찰 편액 중 가장 오래된 것이 아닐까 싶다.

# 공민왕은 어떻게 이 글씨를 남기게 되었을까

공민왕은 1361년 홍건적이 침입해 개경이 함락될 위기에 놓이자 몽진을 해야 했다. 여러 가지를 고려한 끝에 피난지로 결정한 곳이 영주(순흥)였다. 소수박물관 박성홍 관장의 말에 따르면 영주가 피난 최적지로 정해진 데에는 몇 가지 이유가 있다. 당시 국가적으로 추앙받던 학자이자 문신인 회헌晦軒 안향(1243~1306)과 근재謹齋 안축(1282~1348)의 고향인 점, 고려 태조가 삼국 통일의 전기를 마련한 곳인 점, 공민왕의 아버지인 충숙왕의 태를 묻은 곳이라는 점, 그리고 풍수적으로 명당인 점 등이다.

공민왕 일행은 그해 추운 겨울에 소백 준령을 넘어 순흥에 도착했다. 그러나 순흥의 날씨가 너무 추워 안동으로 다시 옮겨 머물다가, 홍건적을 물리친 후인 이듬해 2월 개경으로 돌아가게 된다.

당시 순흥에 머물 때 공민왕은 영주 지역에 몇 점의 현판 글씨를 남기게 된다. '무량수전'은 그 대표적 글씨다.

공민왕은 당시 최고의 화엄도량인 부석사를 찾아 무량수전 앞에 있는 배례석拜禮石 위에서 참배하고, '무량수전' 현판 글씨를 휘호한 것으로 전하고 있다. 불교 국가의 왕으로서 당시 대표적 사찰을 방문한 김에 스스로 휘호한 것일 수도 있고, 명필로 알려진 왕인 만큼 부석사 승려의 요청으로 편액 글씨를 써 주었을 수도 있을 것이다.

'홍건적의 침입을 물리치고 다시는 같은 일이 없도록 해 줄 것을 기원하는 한

편, 부석사의 무궁한 발전을 비는 뜻'을 담아 썼을 것이다.

왕의 글씨는 낙관이 없던 관례에 따라 이 현판도 낙관은 없으나 어필을 상징하는 금자로 만들었다. 무량수전 현판은 그 테두리 장식이 다른 편액보다 크고 디자인도 독특한데, 무량수전 뒤쪽으로 조금 올라가면 나오는 '조사당'의 세로 현판 테두리가 이와 비슷하다.

무량수전 앞 안양루 아래를 지나면 석등이 앞을 막는데, 그 석등 구멍 사이로 보면 무량수전 현판이 들어오는 것도 관심을 끄는 점이다.

안양루에 오르면 한글 풀이를 곁들인 김병연(1807~1863)의 〈부석사〉 시 현판이 눈에 들어온다.

"평생에 여가 없어 이름난 곳 못 왔더니 平生未暇踏名區/ 백수가 된 오늘에야 안양루에 올랐구나 白首수登安養樓./ 그림 같은 강산은 동남으로 벌려 있고 江山似畵東南列/ 천지는 부평 같아 밤낮으로 떠 있구나 天地如萍日夜浮 …"

## 이승만 전 대통령의 '부석사' 현판

부석사에는 또 이승만(1875~1965) 전 대통령의 친필 현판이 있다. 무량수전 앞 안양루에 걸려 있는 '부석사浮石寺' 편액이다. 이승만 대통령이 1956년에 남긴 글씨다.

이 대통령은 1956년 1월 부인과 함께 주한 미군 간부 등을 대동, 전용 열차를 타고 영주 부석사를 방문했다. 범종각, 안양루, 무량수전, 석탑, 조사당 등을 차례대로 둘러보고 현장에서 '부석사' 편액 글씨를 남겼다.

그는 한학과 서예에 조예가 깊었던 인물이다. 특히 서예에 취미와 재능이 있어 일찍부터 주변 사람들이 감탄할 정도로 붓글씨를 잘 썼다. 그는 평생 동안 서예 연마에 많은 시간과 정력을 기울였다. 나중에 그는 "평생 혼자 있는 여가에 서예를 연습했다."고 술회할 정도로 서예를 생활의 일부로 삼았다. 이런 그의 글씨는 흐름이 매우 자연스럽다는 평을 듣는다.

그가 만년(82세)에 쓴 '부석사' 글씨에서도 그런 면모를 엿볼 수 있다. 이 대통령은 이외에도 고성의 '청간정清澗亭' 등 몇 군데 현판 글씨를 남겼다.

1956년 1월 19일자 〈동아일보〉 기사를 보면, "지난 16일 하오下午 대통령 전용차로 서울역을 출발한 이 대통령 부처는 17일 상오上午 9시에 경북 영주군에 있는 부석사에 도착, 동사同寺 김 주지의 안내로 우리나라에서 가장 오랜 목조건물인 무량수전을 비롯하여 조사당 벽화, 석탑, 범종각, 안양루 등을 시찰한 후

동사의 '부석사浮石寺'를 휘필하고 17일 하오 7시 20분 서울역에 도착, 경무대로 기저하였다."고 기록하고 있다.

그런데 이 대통령의 부석사 방문 당시 영상물을 보면 지금 그의 글씨 '부석사' 현판이 걸린 자리에는 '안양문安養門' 현판이 걸려 있었다. 지금은 이 대통령의 '부석사' 현판이 '안양문' 현판이 걸려있던 누각 처마에 걸려 있고, '안양문' 현판은 누각 마루 아래에 걸려 있다. 대통령 글씨가 잘 보이는 자리를 차지하고, 당초에 걸려 있던 현판은 아래로 밀려난 셈이다. '안양문' 현판은 누구 글씨인지 알 수가 없다.

무량수전 맞은편 안양루 처마에는 '안양루安養樓' 현판이 걸려 있는데, 이것은 영주 출신의 명필 소남小南 김종호(1901~1985) 글씨다. 갑신년(1944년) 가을에 김종호가 썼다는 낙관 글씨가 있다. 일제강점기 때 총독이 당시 조선의 명필 다섯 명을 초청한 적이 있는데, 소남은 그 다섯 명 중 한 사람으로 초대를 받았다. 소남은 그 이후 5대 국필國筆로 인정받았다 한다. 50대 이후에는 석당石堂이라는 호를 사용했다. 소남은 당시 영주 등 경북 북부 지역의 정자나 사찰 곳곳에 편액 글씨를 남겼다.

부석사 안양루 전경.
'부석사' 현판 자리에는 원래 아래의 '안양문(安養門)' 현판이 걸려 있었으나
'부석사'를 걸면서 현재 위치로 밀려났다.

# 영주에 남긴 공민왕의 또 다른 글씨
## '봉서루', '흥주도호부아문'

순흥 봉서루(순흥면 지동리)는 창건 연대가 최소한 800년 전으로 추정되는 누각이다. 영남 3대 누각(영남 밀양루, 진주 촉석루, 안동 영호루)보다 먼저 창건된 누각으로, 조선 초기까지는 최고의 누각이었던 것으로 보인다.

흥주(순흥)도호부 부속 누각인 봉서루에 관한 기록으로, 근재 안축의 「봉서루중영기鳳書樓重營記」가 있다. 이 중에 "채상蔡祥이라는 사람이 고을 지사知事로 부임해 낡은 누각을 중수하니 웅장함과 아름다움이 영남에서 으뜸이었다."는 내용이 있다.

영주가 고향인 삼봉三峰 정도전(1342~1398)이 하륜(1347~1416)을 위해 송별연을 베풀어 준 곳도 이 봉서루라 한다. 정도전은 영주 군수로 있다가 떠나는 하륜과 이별하며 그 아쉬움을 담은 두 편의 시를 남기기도 했다.

공민왕은 흥주도호부 관아에 잠시 머물 때 '봉서루鳳棲樓'와 '흥주도호부아문興州都護府衙門' 편액 글씨를 남겼다. 이 '봉서루' 현판 글씨는 '영호루', '무량수전' 등 공민왕의 다른 글씨와 달리 매우 기운이 넘치는 행서로 썼다. 고려 시대 객사 터인 강릉 임영관지 전대청에 걸려 있는 현판 '임영관臨瀛館' 역시 공민왕의 것으로 글씨를 보면 비슷한 서풍임을 읽을 수 있다.

공민왕이 홍건적 침입을 피해 홍주(순흥)도호부에 와 머무를 때 남긴 '봉서루(鳳棲樓, 왼쪽)'와 '홍주도호부아문(興州都護府衙門)' 현판 글씨 원본. 영주 소수박물관이 소장하고 있다.

당시 공민왕은 또 풍기의 '제운루齊雲樓'와 '기주절제아문基州節制衙門' 현판 글씨도 남겼다고 한다. 이 네 개 현판의 원본은 영주 소수박물관에 소장돼 있다.

봉서루는 순흥의 진산 비봉산에 사는 봉황이 날아가면 고을이 쇠퇴한다고 하여, 고을 남쪽에 누각을 지어 방지하고자 세웠다고 한다. 누각 이름은 봉서루로 하고, 누각 뒤쪽에는 봉황을 맞이한다는 '영봉루迎鳳樓' 현판을 걸었다. 그리고 누각 부근 땅 속에는 봉황 알을 의미하는 둥근 바윗돌을 여러 개 묻고, 누각 앞에는 오동나무를 심었다.

고려 때 건립된 봉서루는 조선 초에 소실되었다가 1824년 중건되었다. 봉서루는 일제강점기에 누각 곁에 있던 소학교가 불타면서 순흥면사무소 마당으로 옮겨져 면사무소 건물로 사용되다가, 면사무소가 신축되면서 2007년 원래 터인 현재의 자리로 다시 옮겨 지었다.

# 전북 완주 화암사
## 극락전

"인간세 바깥에 있는 줄 알았습니다. / 처음에는 나를 미워
하는지 턱 돌아앉아/ 곁눈질 한 번 보내오지 않았습니다.//
나는 그 화암사를 찾아가기로 하였습니다. / 세상한테 쫓기
어 산속으로 도망가는 게 아니라/ 마음이 이끄는 길로 가고
싶었습니다. / 계곡이 나오면 외나무다리가 되고/ 벼랑이 막
아서면 허리를 낮추었습니다.// 마을의 흙먼지를 잊어먹을
때까지 걸으니까/ 산은 슬쩍, 풍경의 한 귀퉁이를 보여 주었
습니다. / 구름한테 들키지 않으려고 구름 속에 주춧돌을 놓
은/ 잘 늙은 절 한 채// … // 화암사, 내 사랑/ 찾아가는 길
을 굳이 알려 주지는 않으렵니다."

안도현 저, 〈화암사, 내사랑〉, 『그리운 여우』, 창비, 1997

시인 안도현의 시 〈화암사, 내 사랑〉에 나오는 구절이다.

'숨어 있는 절', '잘 늙은 절'인 불명산 화암사(전북 완주군 경천면 가천리)는 안도현 시인의 시심詩心을 건드려 모르던 이들도 찾아보고 싶은 절이 된 듯하지만, 아직은 그래도 '숨어 있는 절'이라 할 만했다.

다른 사람들처럼 잘 늙은 화암사 모습을 보기 위해서가 아니라, 특별한 현판이 있음을 알고 찾아갔다. 차를 주차한 뒤, 걸어서 가야 하는 길의 초입 분위기부터 '잘 늙은 절'이리라는 기대를 갖기에 충분했다. 초입에 세워 놓은 '화암사' 팻말이 특히 그랬다. 한글 '화암사'를 새긴 나무 팻말인데, 정이 가는 글씨인 데다 세월의 흔적까지 더해진 고풍스러움이 각별하게 다가왔기 때문이다. 낙엽 쌓인 계곡 따라 난 오솔길과 길이 아닌 듯한 암반 길을 거쳐 막바지에 최근 설치한 철제 계단을 다 오르고 나면 절의 한 귀퉁이가 보인다. 15분쯤 걸리는 길이다. 이 화암사를 둘러보니 '잘 늙은 절'이 될 수 있는 이유로 그 현판들을 빼놓을 수 없을 것 같았다.


깊은 계곡 속 큰 바위 위의 작은 절인 화암사는 따로 일주문도 없고 천왕문도 없다. 누각이 입구다. 누각(우화루)에 걸린 '불명산 화암사佛明山 花巖寺'부터 '적묵당寂默堂'과 '우화루雨花樓', 그리고 '극락전極樂殿' 현판. 모두가 잘 늙었다. 아마도 400년 전 건물을 준공하면서 걸었던 현판일 것 같다는 생각이 드는 '잘 늙은 현판들'이었다.

# 한 글자씩 따로 만든
## '극락전極樂殿' 현판

궁궐이나 사찰, 서원 등 옛 건물의 편액은 명칭을 가로로 쓴 형태가 일반적이다. 간혹 화재를 예방한다는 주술적 이유로 세로로 건물 이름을 써 만든 경우도 있다. 그러나 모두 하나의 편액에 건물 명칭을 다 담고 있다.

이와 달리 화암사 극락전 편액은 한 자씩 따로 편액을 만들었다. 하나의 나무판에 한 글자씩 쓴 것이다. 옛 편액 중에는 유일한 것이 아닐까 싶다. 극락전 건물 자체도 보물로 지정돼 있다가 2011년 11월에 국보 제316호로 승격된 소중한 문화재다.

화암사 '극락전(極樂殿)' 현판. 한 글자씩 따로 만들어 걸었는데,
하앙식 건물인 점 등이 이런 현판을 달게 된 이유로 분석된다.

현재의 극락전 편액도 그 고색창연함으로 볼 때 현재의 극락전 건물을 준공했을 때 건 그 편액이 아닐까 하는 생각이 들게 하는데, 찬찬히 살펴볼수록 흥미로운 현판이다. 당시 현판을 만든 스님이나 목수의 자유로운 생각과 열린 마음, 아름다움과 멋을 제대로 아는 마음 씀씀이를 떠올리게 한다.

글씨는 잘 보일 수 있도록 굵은 획으로 최대한 크고 힘 있는 해서로 썼다. 그리고 한 자씩 따로 판자를 사용해 글씨를 새겨 만들었는데, 글씨를 가장 크게 담을 수 있도록 테두리도 없이 편액을 만들었다. 편액에 여백이 거의 없을 정도로 글씨가 꽉 찬 상태다. 누구의 글씨인지 알려지지 않았으나 전형적인 편액 글씨이다.

편액 나무판을 보면 같은 나무판을 잘라 사용한 것 같다. '극'자와 '락'자 편액을 세로결로 걸었는데, '전'자 편액은 이와 달리 가로결로 걸었다. 이는 '전'자의 경우 가로 길이가 다른 두 자보다 길어 그 글씨를 다 담기 위한 것으로 보인다. 그래서 두 글자 현판은 처마 부재 사이에 꽉 끼이도록 채워 걸었고, '전'자는 가로 길이가 달라 그 공간에 끼우지 못하고 약간 걸쳐 못을 박아 고정해 놓고 있다.

글씨는 훌륭한 편액 체인데 그것을 새긴 편액 나무는 가장 소박하다. 그런 데다 나무판을 똑같이 세 등분한 뒤 글자의 형태에 맞춰 두 개는 세로로 새기고 하나는 가로로 새긴 점이 참으로 많은 것을 생각하게 했다. 글씨를 쓴 이도 아마 좁은 공간에 맞는 크기로 최대한 잘 썼는데, 세 글자 모두 같은 규격으로는 쓰지 못했던 것 같다. 그래도 그것을 굳이 다시 쓰게 하지 않고, 하나는 글씨를 다 담기 위해 편액 나무판의 방향을 달리해 새기고 다른 두 개와 달리 엉성하게 보이더라도 그냥 걸었던 것으로 보인다. 여러 가지로 멋과 여유가 느껴지는 일품의 편액으로 다가왔다.

## 현판을 따로 만든 이유

극락전 편액은 세 글자를 한 판재 속에 새기지 않고, 한 판재에 한 자씩 새겨 세 개로 나눠 따로 걸었는데, 왜 일반적인 경우를 벗어나 이렇게 만들었을까?

현재 극락전은 1981년 수리할 때 발견된 묵서명墨書銘에 따르면, 1605년(선조 38년)에 세운 것으로 되어 있다. 이 극락전은 특히 우리나라에 하나밖에 없는 하앙식下昻式 건물로 주목을 받고 있다. 하앙식은 건물 바깥쪽에 처마 무게를 받치는 부재를 하나 더 설치, 지렛대 원리를 통해 처마를 훨씬 길게 내밀 수 있게 한 구조다. 기둥과 지붕 사이에 끼운 긴 목재인 하앙은 처마와 나란히 경사지게 놓아 처마와 지붕의 무게를 균등하게 받쳐 기둥에 전달하는 역할을 한다. 극락전 건물이 하앙식 구조인 점이 편액을 한 글자씩 따로 만든 이유와 무관하지 않아 보인다.

편액 위를 보면, 끝 부분에 여의주를 쥔 용의 발 모양과 용의 머리를 조각한 하앙 부재들 사이를 널판으로 마무리한 뒤, 그 위에 그려 놓은 불화를 볼 수 있다. 아주 아름답고 격조 높은 주악상이 펼쳐져 있다. 이 불화를 살리기 위해 편액을 한 글자씩 만들어 달았다고 하는 이야기가 있다.

이와 함께 건물이 하앙식이기 때문에 그렇게 만들 수밖에 없었다는 설명도 설득력이 있어 보인다. 하앙 부재 등을 그대로 두고는 세 글자를 다 넣은 편액은 걸 공간이 적합하지 않음을 확인할 수 있다. 이처럼 한 글자씩 따로 만듦으로써 화려한 공포 장식이나 하앙의 용 장식, 아름다운 단청 등을 최대한 가리지 않도록 했을 것으로 보인다. 소박하면서도 갖출 것은 다 갖춰 극락세계의 이미지를 멋지게 표현한 단청과 벽화, 공포 장식 등을 가리지 않고 최대한 드러내고자 고민한 결과물이 이 편액의 형태가 아닐까 싶다.

# 화암사 우화루의
## '우화루', '불명산 화암사' 현판

  화암사는 신라 때 창건된 사찰로, 원효와 의상이 수도한 곳이고, 설총도 여기서 공부했다고 한다. 이 사찰 창건과 관련한 설화가 전한다.

  옛날 어느 임금의 딸 연화 공주가 원인 모를 병에 걸렸는데, 어느 날 임금의 꿈에 부처님이 나타나 조그마한 꽃잎 하나를 던져 주고 사라졌다. 잠을 깬 임금은 사방을 수소문해서 그 꽃을 찾게 했다. 불명산 깊은 계곡 속 큰 바위에 핀 복수초였다. 임금은 신하들을 보내 그 꽃을 가져오게 했다. 그런데 그곳에 가 보니 연못 속에서 용 한 마리가 나타나 꽃에 물을 주고 있었다. 다른 신하들은 모두 도망가고, 용감한 신하 한 명이 그 꽃을 꺾어 돌아왔다. 공주는 꽃을 먹고 깨끗하게 병이 나았다. 임금은 부처님의 은덕이라 생각하고 그곳에 절을 짓고 화암사라 불렀다.

  화암사의 대표적 문화재로 극락전과 더불어 우화루가 있다. 우화루는 보물 제662호로 지정돼 있다. 사찰 대문 역할을 하기도 하는 우화루는 사찰 입구에서 보면 돌로 쌓은 축대 앞에 기둥을 나란히 세우고 그 위에 마루를 놓아 2층 누각처럼 보인다. 반면 누각 뒤에 있는 극락전에서 보면 누각 마룻바닥이 극락전 앞마당과 같은 높이로 되어 있어 단층 건물로 보인다. 극락전 쪽은 트여 있지만,

맞은편은 널빤지로 막고 창문을 내었다. 양옆은 흙벽으로 쌓았는데, 매우 낡았지만 멋지고 고색창연한 벽화가 눈길을 끈다.

이 건물의 사찰 입구 쪽 처마에는 '불명산 화암사佛明山 花巖寺'라는 편액이 걸려 있고, 극락전 쪽에는 '우화루雨花樓'라는 편액이 걸려 있다. 두 현판 모두 전형적인, 우수한 편액 글씨를 보여 준다.

화암사 우화루에 걸린 '우화루(雨花樓, 위)'와 '불명산 화암사(佛明山 花巖寺)' 현판.
누가 썼는지 모르나 전형적 편액체로, 동일 인물이 쓴 것 같다.

두 편액을 찬찬히 살펴보면 글씨의 획이나 분위기 등으로 보아 극락전 글씨를 쓴 인물이 쓰지 않았을까 하는 생각이 든다. 현판의 재질이나 그 세월의 흔적 등으로 봐서도 극락전 현판과 같은 시기의 것으로 보인다. 극락전 서쪽에 있는 건물에 걸린 '적묵당' 현판도 마찬가지다. 적묵당 현판의 경우 현판 보호를 위해 그랬는지 모르지만, 테두리를 새로 만들었는데 크기나 모양이 조화를 못 이루고 있는 점이 아쉬웠다. 현재의 우화루 건물은 1611년에 다시 지은 것이다.

그리고 극락전 동쪽 옆 작은 건물에 걸린 '철영재嘬英齋'라는 현판이 눈길을 끌었다. '자하紫霞'라는 낙관 글씨가 있어 호가 자하紫霞인 신위(1769~1845)의 글씨로 보인다. 글자 뜻풀이로는 '꽃봉오리 향기를 맡는 집'이라는 뜻으로 대충 풀이할 수 있겠으나, 사찰에서는 '말을 삼가는 집'이라는 의미라고 설명한다. 신위가 어떤 연유로 이곳에 현판 글씨를 남겼는지는 알 수가 없었다. 신위는 조선후기의 대표적 화가·서예가로, 이정·유덕장과 함께 조선의 3대 묵죽 화가로 꼽힌다.

회암사 극락진 옆 건물에 설린 '절영재(嘬英齋)' 현판.
'자하(紫霞)'라는 낙관 글씨로 보아 조선의 대표적 서화가인
신위(1769~1845)의 글씨로 보인다.
'아래는 '적묵당(寂默堂)' 현판.'

# 경북 영천 은해사
# 불광

팔공산 은해사(영천시 청통면 치일리)는 추사체로 유명한 서예가 추사秋史 김정희 (1786~1856) 글씨의 야외 전시장으로 불릴 정도로 추사 글씨 현판이 많다. 추사는 곳곳의 사찰에 그의 글씨를 남겼지만, 은해사에 제일 많이 남겼다.

은해사에만 '불광佛光', '대웅전大雄殿', '보화루寶華樓', '은해사銀海寺', '일로향각一爐香閣', '산해숭심山海崇深' 등의 편액이 있고, 은해사 부속 암자인 백흥암에는 '시홀방장十笏方丈' 편액과 주련 작품이 있다.

은해사에 남긴 글씨는 대부분 추사의 대표작으로 꼽히는 작품들이다. 이 중에서도 눈길을 끄는 것이 '불광'이라는 편액이다. '불광'은 불광각에 걸려 있었다는 기록이 있지만, 현재는 그 전각이 없다. 대웅전 안쪽 등에 걸려 있다가 지금은 은해사 성보박물관에 전시돼 있다. 박물관을 들어서면 가장 먼저 마주치는 것이 '불광'이다. 글씨를 모르는 이들도 대형 글씨인데다 '불'자의 한 획이 유달리 길어서 눈길이 가게 된다.

영천 은해사 '불광' 편액.
이 편액은 추사 김정희가 처음 편액을 불태워 버린 뒤 다시
글씨 원본대로 만들어 건 것이다. 처음 편액은 '불(佛)'자의
세로 긴 획을 잘라 만들었는데, 추사가 보고는 떼어 오게 해
불태워 버렸다 한다.

## 수많은 실패작 후에 건진 '불광' 작품

은해사는 1847년 대화재 후 1849년에 중건, 불사를 마무리하게 되는데, '대웅전', '보화루', '불광' 등의 편액 글씨는 추사가 이때를 전후해 남긴 것으로 추정된다. 그러니 추사가 1848년 제주 유배에서 풀려난 이후 1851년 북청으로 다시 유배의 길에 오르기 전까지의 기간에 남겼을 것이다.

이 중 '불광' 글씨는 추사 글씨 중에서도 대표적 수작으로 꼽힌다. 60세가 넘은 나이에 쓴, 필획에 힘이 있으면서도 한결 부드러운 완숙미가 묻어나는 작품이라는 평을 듣는 이 글씨에는 작품을 더욱 돋보이게 하는 이야기가 전한다.

당시 은해사 주지 스님은 추사의 작품으로 편액을 만들기 위해 불광각에 달 편액 글씨 '불광'을 추사에게 특별히 부탁했다. 그런데 사람을 몇 차례 보내며 독촉해도 써 보내 주지 않았다. 주지는 안 되겠다 싶어 마지막에는 선물로 절의 불상을 하나 들고 가서 간청했다. 그러자 추사는 크게 웃으면서 불상을 사양하고는 아랫사람을 시켜 벽장 속에 가득하게 써 놓은 '불광'이라는 글씨 중 잘 된 것을 골라 오라고 했다. 추사는 그 아랫사람이 골라 온 것을 보더니 잘못 골랐다고 책망하면서, 자신이 생각하고 있던 작품을 직접 골라내 주었다.

그동안 편액 글씨를 안 쓰고 있었던 것이 아니었다. 득의작得意作을 하나 건지기 위해 수많은 작업을 반복했던 것이다. 당대 최고의 서예 대가이지만, 그리고 60세가 넘은 나이에도 불구하고 마음에 드는 작품을 건지기 위해 수없는 실패를 마다하지 않았다.

'불광'은 그렇게 탄생한 작품인 것이다. 천양희 시인은 이 이야기를 소재로 〈파지〉라는 시를 남겼다.

"그 옛날 추사秋史는/ 불광佛光이라는 두 글자를 쓰기 위해/ 버린 파지가 벽장에 가득했다는데/ 시詩 한 자 쓰기 위해/ 파지 몇 장 겨우 버리면서/ 힘들어 못 쓰겠다고 중얼거린다.// 파지를 버릴 때마다/ 찢어지는 건 가슴이다./ 찢긴 오기가/ 버려진 파지를 버티게 한다.// 파지의 폐허를 나는 난민처럼 지나왔다./ 고지에 오르듯 원고지에 매달리다/ 어느 땐 파지를 팔지로 잘못 읽는다./ 파지는 나날이 내게서 멀어져 간다.// 내 손은 시마詩魔를 잡기보다/ 시류와 쉽게 손잡는 것은 아닐까./ 파지의 늪을 헤매다가/ 기진맥진하며 걸어 나온다.// 누구도 저 길 돌아가지 못하리라."

천양희 저, 〈파지〉, 『너무 많은 입』, 창비, 2005

# 추사가 처음 편액을 불태워 버린 까닭은

은해사 주지는 '불광' 글씨를 가져와 편액을 만들려고 하니 갈등이 생겼다. '불'자의 세로획 하나가 유별나게 길어 그대로 편액을 만들면 편액이 통상적인 모양이 안 될 것이고, 거는데도 어려움이 있을 것 같은 생각을 했던 모양이다. 그래서 주지는 고민 끝에 '불'자의 세로로 긴 획을 '광'자의 세로 길이에 맞춰 잘라 버린 채 편액을 만들어 걸었다.

나중에 은해사를 방문한 추사가 그 편액을 보게 되었다. 추사의 기분이 어떠했겠는가. 추사는 아무 말 없이 편액을 떼어 오라고 했다. 편액을 가져오자 절 마당에서 불을 질러 태워 버렸다.

서예 대가인 추사가 고심 끝에 내놓은 '불광' 작품의 핵심은 바로 '불'자의 긴 세로획이라고 할 수 있다. 그렇게 함으로써 전체 작품 구성이 공간과 조화를 이뤄 멋진 작품이 된 것이다. 그런 작품의 핵심 획을 잘라 버리고 평범한 글씨의 편액으로 만들어 버렸으니 추사가 그냥 둘 리가 없었던 것이다.

주지는 추사가 크게 화를 내는 이유를 알아채고는 "정말 잘못했다."며 용서를 빌고, 다시 글씨 원본대로 판각을 해 걸었다. 두 번째 만들어 건 편액이 지금 은해사 성보박물관에 전시된 '불광' 편액이다.

'불광'은 불광각이라는 전각에 걸려 있었던 모양이다. 1862년 혼허 지조 스님이 지은 「은해사중건기」에 '대웅전, 보화루, 불광각에 걸린 세 개의 편액은 모두 추사 김상공金相公의 묵묘墨妙'라고 기록하고 있기 때문이다.

그러나 불광각은 없어지고 '불광' 편액은 대웅전, 우화각 등에 걸려 있다가 성보박물관이 완공되면서 그곳으로 옮겨 보관하고 있다.

'불광' 편액은 송판 네 장을 세로로 이어 붙여 만든 대작으로 세로가 135센티미터, 가로가 155센티미터 정도 된다. '불'자의 가장 긴 세로획의 길이는 130센티미터 가량이다. 검은색 바탕에 흰 글씨로 된 이 편액은 세로획 덕분에 가로글씨 편액임에도 불구하고 세로 길이가 가로 길이와 비슷한 편액이 되었다. 현존하는 추사의 친필 글씨 작품 중 가장 큰 대작으로 파악되고 있다.

# 은해사에 남긴 추사의 다른 작품들

은해사에는 '불광'과 더불어 추사의 작품이 여러 점 더 있다. 그중 '은해사'에 대해서는 간송미술관 최완수 관장이 "무르익을 대로 익어 모두가 허술한 듯한데 어디에도 빈틈을 찾을 수가 없다. 둥글둥글 원만한 필획이건만 마치 철근을 구부려 놓은 듯한 힘이 있고, 뭉툭뭉툭 아무렇게나 붓을 대고 뗀 것 같은데 기수의 법칙에서 벗어난 곳이 없다. 얼핏 결구에 무관심한 듯하지만 필획의 태세 변화와 공간 배분이 그렇게 절묘할 수가 없다."며 극찬하기도 한 작품이다. 이 편액도 박물관에 전시돼 있다.

한편 이 작품에 대해서는 대구의 대표적 서화가인 석재石齋 서병오(1862~1936)의 글씨라는 주장이 나와 성보박물관은 현재 석재 서병오의 글씨라는 설명을 달고 있는데, 면밀한 연구와 조사가 필요한 상황이다.

'불광'과 함께 은해사에 남긴 추사의 글씨 편액 '은해사'.

1789년(1879년) 영천 군수 이학래가 쓴 「은해사연혁변銀海寺沿革辨」에 "문액門額의 '은해사', 불당의 '대웅전', 종각의 '보화루'가 모두 추사 김시랑金侍郎의 글씨이고, 노전爐殿을 '일로향각'이라 했는데 역시 추사의 예서 글씨다."라고 기록했다.

여기 나오는 '일로향각' 편액 역시 성보박물관에 보관돼 있다. 이것과 같은 글씨 편액이 통도사에도 있는데, 은해사 것을 복각한 것으로 보인다.

'일로향각'과 함께 박물관에 소장된 '산해숭심' 원본도 특별한 작품이다. 한 자한 자 한껏 각별한 조형미를 살려낸 글씨로 눈길을 끈다. '산해숭심'은 불교에서는 부처님의 한없이 높고 깊은 자비와 지혜를 표현하는 말로 해석하고 있다. 또한, 추사의 스승인 옹방강이 실사구시實事求是를 정의한 글귀 중 '옛것을 고찰해현재의 것을 증명함은 산처럼 높고 바다같이 깊다[攷古證今 山海崇深].'라는 구절에도 이 말이 나온다. 멋과 기교를 한껏 부린 이 글씨 편액의 복각본이 은해사 암자인 백흥암의 보화루에 걸려 있다.

백흥암에는 이것과 함께 추사의 작품으로 '시홀방장十忽方丈' 편액과 주련 작품(6폭)이 걸려 있다. '시홀방장'은 홀 열 개를 이은 크기, 사방 한 장(10척, 약 300센

앞 페이지 왼쪽부터 '대웅전', '보화루', '일로향각', '산해숭심' 편액. 모두 추사의 작품이다.

티미터) 되는 정도의 작은 방을 의미한다. 재가 수행자인 유마거사維摩居士가 머물던 방을 이른 말이기도 하다. 수행자들의 청빈과 무소유를 상징한다. 홀은 옛날 관리들이 예복을 갖춰 입고 손에 쥐던 작은 판으로 크기는 길이 33센티미터, 폭은 3.5~5센티미터 정도다.

주련의 내용도 시홀방장 및 유마거사와 관련이 있는데, 송나라 문장가인 동파東坡 소식이 『유마경』의 내용을 인용해 지은 시구를 추사가 쓴 것이다.

"사방 열자 유마維摩의 방 들여다보니 我觀維摩方丈室/ 능히 900만 보살을 수용하고 能受九百萬菩薩/ 3만 2천 사자좌를 三萬二千獅子座/ 모두 들이고도 비좁지 않으며 皆悉容受不迫迮/ 또 능히 한 발우 밥 나누어서도 又能分布一鉢飯/ 한량없는 모든 대중 배불리 먹일 수 있겠더라 饜飽十方無量衆."

'유마거사의 사방 한 장 되는 좁은 방에 900만 보살이 들어서고 3만 2천 명이 앉을 자리를 마련하고도 오히려 자리가 넉넉했다.'는 이야기는 『유마경』에 나오는 내용이다.

# 경남 양산 통도사
## 금강계단

　양산의 통도사는 규모나 역사 등 어느 것 하나 빠지지 않는 대찰大刹이다. 특히 석가모니의 진신사리眞身舍利를 봉안하고 있는 불보사찰佛寶寺刹로도 유명하다. 이 통도사의 중심 건물인 대웅전은 그 형태가 유례를 찾을 수 없을 정도로 독특하다.

　이 대웅전의 형태를 보면 정면이 따로 없는 듯하다. 정면이라 할 남쪽을 포함해 동·서쪽 3면에 모두 합각면合角面(합각은 한옥 팔작지붕의 측면에 생기는 삼각형 벽을 말함)을 두었다. 팔작八作지붕의 합각면은 측면을 의미한다. 따라서 이 대웅전은 3면 모두에 정면성正面性을 없앤 형태인데, 이는 곧 3면 모두 정면이 되는 셈이라 하겠다. 북쪽 면은 석가모니 진신사리를 봉안한 금강계단을 향하고 있다.

　그래서 대웅전은 지붕이 남쪽을 향해 T자형을 이루고 있다.

남쪽에서 본 통도사 대웅전 모습.
석가모니 진신사리가 봉안된 금강계단 앞에 있는 전각으로, 사방에 편액과 주련이 걸려 있는 독특한 건물이다.

그리고 정면인 남쪽 면이 세 칸으로, 각각 다섯 칸인 동·서쪽 측면보다 더 좁다.

대웅전에는 불상을 따로 모시지 않고 북쪽 벽면을 유리로 만들어 진신사리가 봉안된 금강계단을 볼 수 있도록 하고 있다. 불상 대신 사리를 모신 금강계단의 사리탑을 예경의 대상으로 삼기 때문이다. 이런 건물의 불전을 '보궁형 불전'이라

하고, 예경 대상이 석가모니의 진신사리일 경우 '적멸보궁寂滅寶宮'이라 부른다.

대웅전은 이처럼 독특한데, 이 건물 사방에 편액이 걸려 있는 것도 눈길을 끈다. 이 편액들뿐만 아니라 통도사는 대찰답게 곳곳에 유명인들이 쓴 다양한 편액이 즐비하다.

## 대웅전 건물 사방에 편액 걸려 눈길

대웅전에는 4면 처마 모두에 각기 다른 편액이 걸려 있다. 주련도 사방에 다 걸려 있다. 이런 사찰 건물은 통도사 대웅전 말고는 찾을 수가 없다.

석가모니 진신사리를 모신 금강계단을 직접 마주하고 있는 북쪽에는 진신사리를 봉안하고 있다는 의미의 '적멸보궁'이, 그 반대편인 남쪽에는 결코 깨어지지 않는 금강석처럼 지켜야 할 계를 받는 단壇이라는 뜻의 '금강계단金剛戒壇'이 걸려 있다. 진신사리를 봉안하고 있는 곳을 지칭하는 금강계단과 같은 이름이다.

동쪽에는 석가모니 부처님을 모신 불전이라는 의미의 '대웅전大雄殿'이, 서쪽에는 영원한 진리와 우주의 본체를 상징하는 법신불이 머무르는 곳이라는 의미의 '대방광전大方廣殿'이 걸려 있다.

이 네 개의 편액 중 '금강계단', '대방광전', '대웅전'이 홍선대원군 석파石坡 이하응(1820~1898)의 글씨다. '금강계단'과 '대방광전'에는 석파 이하응의 낙관 글씨가 새겨져 있다. '대웅전'은 그런 표시가 없으나 홍선대원군의 글씨로 전하고 있다.

이하응이 대원군에 봉해진 1863년 이후 쓴 글씨로 전하는 '금강계단'은 특히 왕(고종)의 아버지가 쓴 것이기 때문인지, 아니면 금강과 같이 굳건한 계율이 수여되는 곳이어서 그런지 글씨 부분에는 금칠이 되어 있다. 바탕은 검은색이다. 금강계단이라는 의미에 걸맞게 굳건한 필체의 반듯한 해서로 썼다. 나뭇잎 모양의 두인頭印도 눈길을 끈다. '대방광전'은 검은색 바탕에 글씨는 흰색으로 되어 있다. '금강계단'보다 좀 부드러운 필체를 보여 주고 있다.

대웅전에 사방에 걸린 네 개의 편액. '적멸보궁'은 구하 스님 글씨이고,
'금강계단', '대웅전', '대방광전'은 홍선대원군 이하응 글씨다.

통도사 일주문 모습.
편액 '영축산 통도사'는 흥선대원군 글씨이고,
주련 두 개('국지대찰', '불지종가')는 해강 김규진 글씨다.

'대웅전' 편액은 글씨를 보면 위의 두 편액 글씨와는 필획의 모양이나 기운이 다르다. 편액 테두리도 다른 두 편액과는 다른 형태다.

나머지 하나인 '적멸보궁' 편액은 구하九河 스님(1872~1965) 글씨다. 구하 스님은 통도사 주지를 하며 승풍僧風을 재정비했고, 글씨를 잘 썼다. 통도사에는 구하 스님 글씨의 편액과 주련이 많이 남아 있다. 다른 사찰에도 그의 글씨 편액이나 주련이 적지 않게 걸려 있다. 그런데 대웅전 건물의 네 개 편액의 위치는 고정된 것이 아니었던 모양이다. '대웅전'이 서쪽에, '대방광전'이 북쪽에, '적멸보궁'이 동쪽에 걸려 있기도 했다.


## 통도사에는 흥선대원군 글씨 많아


통도사 일주문 편액인 '영축산 통도사靈鷲山 通度寺' 역시 흥선대원군 글씨다. '금강계단'과 같이 금색 글씨이고, 글씨체도 굳건한 해서체로 비슷한 필치를 보여 주고 있다.

일주문 기둥에 걸린 큰 글씨 편액 두 개 '국지대찰國之大刹', '불지종가佛之宗家'는 해강海岡 김규진(1863~1933)의 글씨다. 구한말의 유명 서화가인 해강은 대자大字 글씨와 대나무 그림으로 특히 널리 알려졌다. 사찰에 많은 편액과 주련 작품을 남긴 대표적 서화가 중 한 사람이다.

'원통소(圓通所)' 편액도 흥선대원군의 글씨다.

대법회 등 행사 때 대중을 수용하는 공간으로 사용된 '원통소圓通所' 편액도 흥선대원군 글씨다. 조형미가 돋보이는 글씨다. '원통'의 의미는 '이근원통耳根圓通 (청각에 집중해 깨달음을 얻는 수행)'이라는 말에서 유래한 것이다.

통도사에는 이처럼 흥선대원군의 글씨 편액이 많이 남아 있다. 흥선대원군 글씨 편액이 통도사에 많이 있는 연유에 대해서는 전하는 것이 없다. 그가 통도사와 특별한 인연이 있었던 것 같지도 않다.

통도사 스님들은 추정하기를, 흥선대원군이 파락호 시절 전국을 유람할 당시에 통도사나 부근 지역에 들렀을 때 통도사 스님들이 그에게 글씨를 부탁했을 것으로 보았다. 억불 시대에 그의 글씨 편액이 걸려 있으면 유림의 박해를 최소화할 수 있었을 것이라는 설명이다. 물론 대원군이 된 후에 써 준 것일 수도 있을 것이다.

대원군은 추사 김정희에게 서화를 배웠고, 특히 난초를 잘 그렸다. 그의 난초는 '석파란石坡蘭'으로 불리며 운미 민영익의 '운미란芸楣蘭'과 함께 한 시대를 풍미했다.

통도사에는 이밖에 추사 글씨 편액도 적지 않게 걸려 있다. 그 대표적 작품으로 주지실住持室의 '탑광실塔光室'과 '노곡소축老谷小築' 편액을 꼽을 수 있다. '소축小築'은 '소실小室'과 같은 의미다. 두 작품 모두 추사의 행서 중 보기 드문, 강건한 필력이 느껴지는 글씨다.

'산호벽수珊瑚碧樹'라는 편액도 그의 글씨다. 어느 사대부 집이나 사찰이 융성하라는 의미로 써 주는 글귀로, '과칠십果七十'이라는 낙관으로 보아 추사의 과천 시절 작품임을 알 수 있다.

통도사 성보박물관에 있는 '성담상계聖覃像偈' 현판도 추사 글씨로, 선운사의 백파대사비白坡大師碑에 버금가는 추사의 대표적 행서 글씨다. 이 글의 주인공 성담聖覃 스님은 통도사에서 이름을 떨친 대강백大講伯이다. 추사 김정희, 이재 권돈인 등 사대부들과 깊은 교분을 가진 승려다. 성담 스님 진영에 써준 이 글에는 추사가 70세에 썼다는 낙관[阮堂老人題 時年七十]이 있다.

한편 불이문에 걸린 '불이문不二門' 편액은 송나라 미불의 필적이고, '원종제일대가람源宗第一大伽藍' 편액은 명나라 태조 주원장의 친필인 것으로 전하고 있다. 석가모니의 진신사리를 봉안한, 우리나라 불교의 근본이 되는 대사찰이란 의미의 '원종제일대가람' 편액은 원래 일주문에 걸려 있었다 한다.

명나라 태조 주원장의 친필로 전하는
'원종제일대가람' 편액.

# 금강계단에 얽힌 이야기

계단戒壇은 계를 수여하는 의식이 행해지는 장소다. 통도사 창건의 근본정신은 석가모니의 진신사리를 봉안한 금강계단에 있다. 『삼국유사』는 자장 율사가 643년 당나라에서 가져온 부처님 사리 100개 중 일부(1/3)와 부처님이 입던 옷인 금란가사를 통도사 계단에 봉안했다고 기록하고 있다.

통도사가 신라의 계율 근본 도량으로 자리 잡을 수 있었던 것도 바로 부처님의 진신사리가 모셔진 금강계단에서 계를 받는 것이 곧 부처님으로부터 직접 계를 받는 것과 같은 의미가 있기 때문이었다.

금강계단은 창건 이후 그 안에 안치된 사리를 친견하고자 열망하는 사람들의 참배가 이어졌다. 특히 고려 시대에는 왕실과 사신들이 여러 차례에 걸쳐 사리를 친견했을 뿐만 아니라, 몽골의 황실에서도 금강계단을 참배하는 등 성스러운 장소로 여겨져 왔다. 『삼국유사』에 의하면 1235년에 상장군 김리생金利生과 시랑侍郞 유석庾碩이 왕의 명을 받아 낙동강 동쪽을 지휘하던 차에 절에 와서 계단의 석종을 들어내고 석함 속의 사리를 예경했다고 한다. 이때 석함 속에 있는 유리통 하나가 금이 가서 유석이 마침 가지고 있던 수정통水晶桶을 기부해 거기에 사리를 보관했다고 한다.

석가모니 진신 사리를 봉안하고 있는 통도사 금강계단의 종 모양 부도 모습.

고려 말에서 조선 시대에 걸쳐 왜구들의 사리 약탈 기도가 여러 차례 자행되었고, 그 약탈을 피해 개성 송림사, 서울 홍천사, 금강산 등지로 옮겨 다니는 등 사리 보호를 위한 승려들의 각별한 노력도 이어졌다.

금강계단 옆의 작은 연못 구룡지九龍池에 대한 전설도 있다. 자장은 중국에서 승려로 화化한 문수보살의 말에 따라, 귀국 후 축서산(영축산) 기슭의 못을 찾아 백성들을 괴롭히는 독룡들에게 설법해 교화한 뒤 못을 메워 금강계단과 통도사를 창건했다. 당시 아홉 마리의 용이 있었는데 여덟 마리는 다른 곳으로 가고, 한 마리는 굳이 남아 터를 지키겠다고 해서 스님은 그 청을 받아들여 못의 한 귀퉁이를 메우지 않고 남겨 머물도록 했다. 그곳이 금강계단 옆의 작은 연못 구룡지다.

# 경북 의성 고운사
## 연수전

옛 사찰 중에 개인이나 집안의 소원과 안녕을 빌기 위해 세운 원당願堂이 있는 곳이 적지 않다. 원당은 주로 왕실의 명복冥福이나 왕의 무병장수를 기원하기 위해 건립했다. 원당이 있는 사찰이나 사찰 전체를 원당으로 지은 사찰을 원찰願刹이라고 한다. 궁중에 둔 원당은 내원당內願堂이라 했다.

원당은 신라 때도 있었고, 고려 때는 크게 성했다. 숭유억불 시대인 조선 시대에도 계승되었다. 초기에는 특히 불교 탄압이 거셌지만, 불교는 왕실의 보호 속에 명맥을 유지할 수 있었다. 후기에 들어와 새로운 사조의 유입과 민중 의식의 성장으로 유교적 지배 사회의 모순이 드러남에 따라, 불교는 타협과 갈등을 겪으면서 발전했다.

조선 시대 원당도 불교의 이런 상황과 궤를 같이하면서 왕실을 중심으로 많이 건립되었다. 전기의 원당이 주로 왕실의 주도로 설립되었다면, 후기 원당은 왕실과 사찰 간의 상호 필요 관계에서 설

일반적인 사찰 건물과는 전혀 다른 분위기와 양식의 연수전 전경(고운사 경내).
조선 고종의 무병장수를 기원하며 왕실이 지은 원당 건물이다.

립·운영되었다고 할 수 있다. 왕실은 원당 설립에 있어 왕권 경쟁이나 당쟁 등

정치적 상황에 따라 능동적으로 대응해 간 반면, 사찰은 외견상 피동적 반응을

보였으나 내면적으로는 매우 적극적으로 원당 건립을 요구했다. 숭유억불 정책

아래서 사찰이 도태되지 않기 위한 최선의 방법이기도 한 것이 원당 설립이고, 원

찰로 지정되는 것이었기 때문이다.

사찰 입장에서는 원찰 지정 여부가 발전과 쇠퇴의 상반된 현실을 경험하게 하는 것이었다. 원찰 지정은 기존 사찰을 중수하거나 새로 사찰을 지으면서 이뤄졌다. 사찰이 적극적으로 원찰 지정을 원했던 가장 큰 이유는 숭유억불의 대표적 폐해라 할 수 있는 승역僧役으로부터의 해방에 있었다. 과중한 승역으로 수많은 승려가 절을 떠나거나 환속하는 등, 사찰이 쇠잔하게 되는 상황이었기 때문이다.

고운사孤雲寺(의성군 단촌면 구계리)에는 '연수전延壽殿'이라는, 명칭과 건물 양식이 특이한 건물이 있다. 이 연수전이 원당에 속한다.


## 왕의 장수를 기원하기 위해 지은 연수전

현재의 연수전 건물은 왕실의 요청으로 1902년(고종 39년)에 왕의 무병장수를 기원하기 위해 지은 것이다. 이런 목적으로 지은 만큼, 연수전은 형태가 사찰의 다른 전각들과는 확연히 다른 모습이다. 불교와 유교가 한 울타리 안에 있는 사례로, 불교를 억압하던 상황에서도 왕실의 안녕을 기원하기 위해서 사찰 안에 원당을 짓는 이율배반의 현실을 드러낸 현장이기도 하다.

연수전은 '만세문' 현판을 단 솟을대문을 세우고, 사방에는 담장을 둘러 별도

의 공간을 이루게 했다. 연수전 본 건물은 마치 목가구를 짜듯 짜임새 있게 구축한 가구식架構式 석재 기단基壇 위에 팔작지붕 양식으로 세웠다.

건물 형태는 정방형으로, 안은 정면과 측면 각 한 칸의 방을 만들고 그 사방에 열두 개의 기둥(정면 세 칸, 측면 세 칸)을 세웠다. 그리고 그 주위로 낮은 난간을 둘렀다.

정면인 남쪽에 문을 내고 다른 3면의 벽면에는 왕의 위엄을 나타내는 상징물과 장수를 기원하는 장생도 등을 그렸다. 사방 천장에는 운룡도雲龍圖, 봉황도鳳凰圖 등으로 장식했다. 또한, 부귀와 장수를 기원하는 글귀[富似海百千秋 龍樓萬歲, 壽如山長不老 鳳閣千秋 등]도 써놓고 있다. 내부 천장에는 해와 달을 중심으로 용과 봉황, 거북, 기린 등을 그려 놓았다.

'연수전(延壽殿)' 편액. 글씨는 당대 명필 해사 김성근이 왕의 뜻을 받들어 썼다.

이 건물 정면 문과 처마 사이 '연수전延壽殿' 현판이 걸려 있다. 시원하고 힘 있는 행서체 글씨로, 해사海士 김성근(1835~1919)이 썼다. 현판 왼쪽에 '광무 8년 8월 일기당 김성근 봉칙서光武八年八月 日耆堂金聲根奉勅書'라는 낙관 글씨가 쓰여 있다. 1904년 8월에 김성근이 왕의 뜻을 받들어 썼다는 의미다. 이조판서, 탁지부대신 등을 지낸 해사는 당대 명필로도 유명했다.

1902년 연수전 건립과 관련해서는 벼슬 생활하다 만년(1910년)에 고운사로 출가한 만은晩隱 천광록(1851~1931)이 왕실의 주문으로 건립 공사를 맡아 진행했는데, 백성을 강제로 노역에 동원하거나 공사비를 착복하는 일 없이 투명하게 진행해 백성의 칭송을 듣고 고종의 신임을 얻었다는 기록이 남아 있다.

이 연수전은 처음에는 영조가 내린, 왕실의 계보를 적은 어첩御牒을 봉안하기 위해 1744년(영조 20년)에 건립됐다. 연수전 터는 옛날부터 풍수지리상 최고의 명당으로 알려진 곳이다.

## '연수전'은 당대 명필 해사 김성근 글씨

해사 김성근은 1862년 과거(문과)에 급제한 후 전라도 관찰사, 공조・형조・이조・예조 판서 등을 거쳐 1894년 개화파 정권 성립 이후 관직에서 물러났다가 1898년 궁내부 특진관으로 다시 등용되었다. 1900년 의정부 참정, 1902년 탁지부 대신이 되었다. 1905년 탁지부 고문으로 온 일본인이 탁지부 대신에서 물러나 있는 자신에게 지난날의 재정 운용에 관해 문책을 해오자, 이는 외국인이 내국인을 강핍하는 것이라고 항의하는 상소를 올리기도 했다. 1910년 일제 국권 침탈 때는 그에게 일제가 자작을 수여했다.

해사는 서예에 뛰어났는데, 특히 미남궁체米南宮體(송나라 미불의 글씨체)를 즐겨 썼다. 그의 글씨는 매우 유려하고 웅건했으며, 특히 큰 글씨에 능했다. 연수전 옆 건물에 걸린 '고운대암孤雲大菴' 편액도 그의 글씨다.

'고운대암' 편액.

해사에 대해서는 그의 전생과 관련해 당대에 널리 알려졌던 이야기가 전하고 있다.

해사가 승주 선암사에 갔을 때 일이다. 처음인데도 건물들이 무척 낯이 익고, 그중 유독 눈에 띄는 건물이 하나 있었다. 그래서 그 절 스님에게 무슨 건물이냐고 물으니 다음과 같이 답했다. "작고하신 해봉 스님의 영당影堂인데, 그 스님이 돌아가시면서 하신 말씀이 있습니다. 언젠가 자신이 여기 다시 올 것이라고 하셨지요."

해사가 그 영당에 들어가니 스님의 글씨가 있는데 자신의 글씨체와 같았다. 그리고 해봉 스님이 마지막에 남긴 글을 보며 자신의 전생을 깨닫게 되고, 그 순간 입에서 사리 세 개를 토했다.

해봉 스님이 남긴 시는 다음과 같다. '선암산 위의 보름달 仙岩山上一輪月/ 그 그림자 한양에 떨어져 재상의 몸 되었네 影墮都城作宰臣./ 갑오년(1834년) 이전에는 승려 해봉이었건만 甲午年前海峯僧/ 갑오년 이후에는 김성근이네 甲午年後金聲根.'

해사는 갑오년 다음 해인 을미년(1835년) 생이다.

이런 이야기가 전하는 해사는 조선 말기 승려들에게 특히 이름을 널리 알렸다. 명필이기도 했던 그는 그래서 전국 사찰 곳곳에 그의 글씨 편액과 주련들을 많이 남겼다.

해남 대흥사의 '백설당白雪堂', '응진당應眞堂', '명부전冥府殿', '두류산 대흥사頭輪山 大興寺', 울진 불영사의 '극락전極樂殿', 얼마 전 불타 버린 부산 범어사 일주문의 '선찰대본산禪刹大本山', '금정산 범어사金井山 梵魚寺', 경기도 고양의 흥국사 일주문에 걸린 '홍국사興國寺', 대구 동화사 '영산전靈山殿' 등이 그의 대표적 글씨 편액들이다.

퇴계가 탄생한 태실이 있는 안동 노송정 종택 대문에 걸린 '성림문聖臨門', 안동 하회마을 북촌댁의 '수신와須愼窩' 편액 등도 해사 글씨다.

# 고운사와 최치원

고운사라는 명칭은 고운孤雲 최치원 (857~?)과 관련이 있다. 고운은 최치원의 호다. 등운산騰雲山 자락에 있는 고운사는 신라 때 의상 스님이 681년에 창건하고, 이름은 고운사高雲寺라 했다. 부용반개형芙蓉半開形(연꽃이 반쯤 핀 형국)의 명당에 자리 잡은 이 사찰은 신라 말 유교와 도교 등에 두루 통달하고, 마지막에는 신선이 되었다는 최치원이 여지如智 · 여사如事 스님과 함께 가허루駕虛樓 및 우화루羽化樓를 건립한 후 그의 호를 빌어 고운사孤雲寺로 부르게 되었다.

가허루나 우화루는 도교 사상이 담긴 이름들이다. 세월이 흐르는 가운데 가허루는 '가운루駕雲樓'로 바뀌었다. 그리고 우화루에는 음은 같으나 한자가 다른, 불교적 의미의 '우화루雨花樓'라는 편액도 같이 걸리게 되었다.

길고 짧은 여러 개의 기둥이 계곡 바닥에서부터 거대한 몸체를 떠받치고 있는 가운루는 고운사의 대표적 건물이다. 마치 양쪽 언덕에 걸친 다리 같고, 계곡 위에 둥실 떠 있는 배와 같다. 이런 가운루는 옛 기록에서 '누각에 서면 아래로는 계류가 흐르고, 뒤로는 찬란한 산들과 구름의 바다를 접하는 신선의 세계'라고 극찬한 절경을 선사했다.

고운 최치원이 계곡 위에 지은 고운사 가운루(駕雲樓).
누각 바깥 처마에 걸린 '가운루' 행초서 편액(작은 사진)은 공민왕 글씨로 전한다.

　고운은 12세 때(868년) 당나라에 유학을 가서 18세 때 과거에 합격한 후 여러
벼슬을 지내며 885년까지 17년 동안 당나라에 머물다 신라로 귀국한다. 귀국
후 6두품 신분으로 최고의 벼슬까지 오르며 의욕적으로 경륜을 펴보려 하였으
나, 왕실과 현실에 대한 실망감으로 좌절하면서 40여 세 나이에 관직을 버리고
은거를 택하게 된다. 고운사와 지리산 쌍계사, 가야산 해인사 등지를 떠돌며 소
요 자적하다가 죽었다거나 신선이 되었다고 전하고 있다.

　세속을 떠나 산수 간에 떠돌 당시 고운사에 머물면서 두 누각을 짓고, 누각의
이름도 세속을 초월한 신선 세계의 이상을 담아 그렇게 명명했을 것이다.

# 전남 구례 화엄사
# 각황전

구례 화엄사의 중심 전각인 각황전은 보는 사람 누구나 감탄할 만한 목조건물이다. 그 규모와 장엄함, 아름다움, 고색창연함 등 모든 면에서 그렇다. 크기만한 것이 아니다. 장중하고도 세련된 기품, 그리고 아름다움이 돋보이는 건물이다.

1702년에 완공된 현재의 각황전(국보 제67호)은 정면 일곱 칸, 측면 다섯 칸의 중층 팔작지붕 건물이다. 바깥에서 보기에는 2층의 건물이지만, 내부는 통층通層 구조로 되어 있다. 이런 양식의 우리나라 사찰 건물은 속리산 법주사 대웅보전, 부여 무량사 극락전, 공주 마곡사 대웅전, 김제 금산사 미륵전 등을 포함해 몇 개에 불과하다.

이 장엄하고 아름다운 건물의 위층 처마에 이 건물에 어울리는, 중후한 필치의 편액 '각황전覺皇殿'이 걸려 있다. 보기 드물게 큰 글씨의 편액으로, 글씨와 바탕색이 거의 다 바랜 모습이 오랜 세월의 흔적을 보여 주며 건물을 더욱 멋져 보이게 한다. '각황전'이란 전각은 다른 사찰에는 없는 이름의 전각이다.

이렇게 거대한 건물이 지어지고 특이한 이름을 갖게 된 데는 특별한 사연이 전하고 있다.

## 조선 숙종이 전각 이름을 하사하고
## 건물을 짓게 한 각황전

각황전의 원래 이름은 '장육전丈六殿'이었다. 신라 때 의상 대사가 화엄사를 중수하면서 처음 전각을 지었을 당시는 석가모니의 등신불等身佛만 한 황금 부처님 상인 장육존상을 봉안하고, 벽에는 『화엄경』을 돌에 새긴 석경石經을 두르고 '장육전'이라 불렀다. 부처님의 몸을 일컬어 '장육금신丈六金身'이라 말한다. 당시에는 금색 장육불상을 모시는 신앙이 있었다 한다.

그러나 이 장육전은 다른 전각과 함께 임진왜란 때 불타 버렸다. 이후 1636년 대웅전이 중건되고, 장육전은 1702년(숙종 28년)에 중건되었다. 장육전 완공 후 숙종은 이 전각에 '각황전'이라 사액했다. 숙종이 전각을 중건하고 각황전이라는 이름을 내린 것과 관련해 다음과 같은 이야기가 전하고 있다.

　　장육전이 불탄 뒤 재건을 고민하던 벽암 스님은 제자인 계파 스님에게 그 중책을 맡겼다. 계파 스님은 중건 불사 성취를 위해 대웅전에서 100명의 스님이 백일 기도를 올리게 했다. 자신은 기도승을 시봉하는 공양주供養主를 자원해 밥 짓고

현존하는 전통 목조건물로는 최대 규모인 화엄사 각황전(구례군 마산면 황전리, 국보 제67호). 1702년에 중건된 건물로, '각황전(覺皇殿)' 편액은 당시 숙종이 이름을 지어 하사한 사액(賜額) 편액이다.

물을 기르며 기도승들을 봉양했다. 백일기도가 끝나는 날 한 노장 스님이 말했다. "지난밤 꿈에 하얀 노인이 나타나 장육전 중건을 위한 화주승化主僧(인가에 다니며 시주를 받는 승려)은 물 묻은 손으로 밀가루를 만져 밀가루가 손에 묻지 않는 사람으로 삼으라고 일러 주었소."

이에 따라 모든 스님에게 차례로 손을 물에 넣었다가 밀가루를 만져 보게 했다. 그러나 밀가루가 묻지 않는 사람이 없었는데, 마지막으로 계파 스님이 시험해 본 결과 밀가루가 손에 묻지 않았다.

계파 스님은 할 수 없이 화주승을 맡게 되었으나 수행만 했던 터라 걱정이 태산 같았다. 그래서 그날 밤 대웅전에서 밤새도록 부처님께 기도를 올리는데, 비몽사몽 간에 한 노인이 나타나 "그대는 내일 아침 바로 화주를 위해 길을 떠나라. 그리고 제일 먼저 만난 사람에게 시주를 권하라."고 말했다.

스님은 용기를 얻어 날이 밝자 지체 없이 일주문을 나서 마을 어귀로 향했는데, 뜻밖에도 마을 일대를 돌아다니던 걸인 노파가 절을 향해 오고 있었다. 스님은 난감하기 짝이 없었으나 노파에게 간곡하게 시주하기를 청했다. 계파 스님의 청을 들은 노인은 한동안 멍히 서서 하늘을 올려다보며 눈물을 흘리더니, 화엄사를 향해 합장하고는 "이 몸이 죽어 왕궁에 태어나 큰 불사를 이룩하겠으니 문수보살이여 가피를 내리소서."라고 한 뒤 길옆의 늪에 몸을 던져 목숨을 끊었다.

스님은 갑작스러운 일에 놀라고 죄책감을 못 이겨, 그 길로 전국을 떠돌다가 5년 후에는 한양까지 가게 되었다. 하루는 창덕궁 앞을 걸어가다가 우연히 어린 공주와 마주쳤는데, 공주가 스님을 보더니 반가워하며 달려와 누더기 자락에 매달렸다. 그리고 태어난 이후 한쪽 손을 한 번도 펴지 않았던 공주는 스님이 그 손을 만지자 손을 폈다. 그 손바닥에는 '장육전'이라는 글자가 쓰여 있었다. 거지가 공주로 환생했던 것이다.

이 일을 전해 들은 숙종은 스님을 대궐로 불러들여 자초지종을 들었고, 이에 감동한 임금은 장육전 중건을 명했다. 그리고 전각 이름도 '왕을 깨우쳐 전각을 중건하게 했다.'는 의미로 각황전으로 바꾸도록 했다.

이는 전해 오는 이야기다. 각황전 상량문에 의하면, 각황전은 숙종의 아들로 나중에 영조가 되는 연잉군과 그 모친인 숙빈 최씨가 대시주자인 것으로 되어 있다.

## 각황전 편액은 당대 명필 이진휴 글씨

각황전 편액 글씨는 성재省齋 이진휴(1657~1710)가 썼다. 그가 어떻게 이 편액 글씨를 썼을까. 숙종은 자신도 글씨를 잘 썼고, 칠곡 송림사 '대웅전' 편액 등 그가 썼다는 편액 글씨도 남아 있다. 성재는 당대의 명필이고, 숙종 또한 그의 글씨를 인정했기 때문에 쓰게 했을 것이다.

열두 개의 판자를 이어 만든 편액은 흰색의 글씨 부분을 제외한 바탕색이 다 바

래 나뭇결이 그대로 드러나 있다. 테두리 부분은 푸른색으로 칠한 흔적이 비교
적 많이 남아 있다.

반듯하고 묵직한 해서체 글씨 왼쪽에 '계미맹하형조참판이진휴서癸未孟夏刑曹參
判李震休書'라는 낙관 글씨가 비교적 크게 쓰여 있다. 계미년은 1703년이다.

글씨를 쓴 성재 이진휴는 함경도 관찰사, 도승지, 안동 부사, 예조 참판 등을
역임한 문신으로 특히 서예에 뛰어났다.

순천 '조계산 선암사 중수비曹溪山 仙巖寺 重修碑', 양산 '통도사 사리탑비通度寺 舍
利塔碑', 여수 '영취산 흥국사 중수사적비靈鷲山 興國寺 重修事蹟碑', 상주 '지추김식비
知樞金湜碑', 광주의 '예판이증비禮判李增碑', '찬성이상의비贊成李尙毅碑' 등 비문 글씨
를 특히 많이 남겼다.

문장도 좋았던 성재의 시를 하나 소개한다.

'태산같이 많은 일도 안 하면 그뿐이요 事有泰山不事無. / 바다 같은 많은 걱정도
잊으면 그만이라 愁如大海不愁無. / 고생과 즐거움이 사람 따라 매겨지니 儘知苦樂隨
人在. / 참 신선이 되려거든 마음부터 비워야 하리 心外眞仙定有無.'

우리나라 최초의 인문 지리서라 할 수 있는 『택리지擇里志』를 쓴 이중환
(1690~1752)은 그의 아들이다.

# 화엄사 '대웅전' 편액은 의창군 글씨

의창군義昌君 이광李珖(1589~1645)은 조선 제14대 임금인 선조의 여덟 번째 서자庶子로, 호를 기천杞泉이라 했으며 시호는 경헌敬憲이다. 그는 판서를 지낸 허성許筬의 딸과 혼인했는데 1618년(광해군 10년) 처족 허균許筠의 모반죄에 연루돼 훈작을 삭탈 당하고 유배되는 비운을 겪었다. 그러나 1623년 인조반정으로 유배에서 풀려나 인조의 총애를 받기도 했다.

의창군은 글씨에 능해 당대의 명필로 이름이 높았다. 글씨 중에서도 부친인 선조가 즐겨 썼다고 하는 석봉체를 잘 썼으며, 특히 해서 대자大字에 뛰어났다고 한다. 그가 쓴 사찰 편액 글씨는 인기가 높았다. 그 대표적 사찰 편액 글씨가 화엄사의 '대웅전大雄殿', '지리산 화엄사智異山 華嚴寺'다.

선조의 아들인 의창군 이광(李珖)이 1636년에 쓴 화엄사
'대웅전(大雄殿)', '지리산 화엄사(智異山 華嚴寺)' 편액.
그의 편액 글씨는 인기가 있었고, 특히 '대웅전'은 여러 사찰에 번각돼 걸리기도 했다.

'대웅전' 편액에는 '숭정구년세사병자중추의창군광서崇禎九年歲舍丙子仲秋義昌君珖書'라는 글씨가 있어, 의창군이 1636년에 쓴 글씨임을 알 수 있다. 일주문에 걸린 '지리산 화엄사' 편액에는 '황명숭정구년세사병자중추의창군광서皇明崇禎九年歲舍丙子仲秋義昌君珖書'라는 낙관 글씨가 있다.

화엄사 '대웅전' 편액 글씨는 다른 사찰에서도 많이 번각해 사용했다. 화엄사 근처에 있는 하동 쌍계사의 '대웅전' 편액도 보면 화엄사 '대웅전' 글씨를 번각한 것임을 알 수 있다. 화엄사 편액과는 달리 의창군의 낙관 글씨 없이 '대웅전' 글씨만 한 자씩 모각했다.

예산 수덕사와 정읍 내장사에 걸려 있던 '대웅전' 편액과 완주 송광사, 서울 진관사, 서울 선학원 등의 '대웅전' 편액도 그의 글씨다.

그의 편액 글씨는 구조의 짜임새가 좋고 운필이 청수淸秀한 해서로 조선 중기를 대표하는 글씨라는 평도 듣지만, 숭유억불 정책으로 고통을 당하던 사찰 입장에서는 왕자의 글씨 편액을 걸어 놓음으로써 탐관오리의 횡포를 최소화하려는 목적도 있었을 것이다.

화엄사의 벽암 스님도 인조의 숙부인 의창군에게 부탁하여 글씨를 받아 화엄사의 불법이 영원하길 염원하며 편액을 걸었을지도 모르겠다.

# 경남 하동 쌍계사
# 육조정상탑

쌍계사雙溪寺(하동군 화개면 운수리) 앞 10리 벚꽃길은 우리나라 최고의 벚꽃길이다. 계곡 따라 이어지는 도로를 따라 늘어선 우리나라에서 가장 오래된 벚나무들이 멋진 풍광을 선사한다. 벚꽃 철이 지나면 꿈같은 벚꽃 풍경을 볼 수는 없지만, 계곡 주위의 녹색 차밭이 색다른 운치를 선사한다.

벚나무 길이 끝나는 지점에서 계곡을 가로지르는 다리를 건너면 쌍계사 앞 음식점 골목이 나온다. 잠시 걸어 오르면 두 개의 큰 바위가 문처럼 나타난다. 그 양쪽 바위에 '쌍계雙溪'와 '석문石門'이라는 큰 글씨가 새겨져 있다. 수많은 전설을 남긴 신라 최고의 문장가인 고운 최치원이 지팡이 끝으로 썼다는 글씨다. 당당함과 힘이 느껴진다. 최치원은 왕명에 따라, 쌍계사를 중창한 진감 선사의 삶과 업적을 담아 진감 선사 대공탑비의 글을 짓고 쓴 주인공이기도 하다.

쌍계사에는 다른 사찰에는 없는 특별한 전각이 하나 있다. 죽은 사람의 두개골頂相을 모신 곳인 금당金堂 건물이다. 이 금당에 '육조정상탑六祖頂相塔'과 '세계일화조종육엽世界一花祖宗六葉'이라는 추사 김정희의 편액이 걸려 있어 눈길을 끈다.

## 선종禪宗 6대 조사 혜능의
## 머리를 가져와 봉안했다는 금당

쌍계사 금당은 신라 스님의 지극한 구도열求道熱이 서린 이야기가 전하고 있는 성역이다. 신라 때 의상 대사의 제자였던 삼법三法 스님(661~739 추정)이 자신이 존경해 마지않던 중국의 혜능慧能 선사(638~713)의 가르침을 받고자 했으나 뜻을 이루지 못한 채 그 스님이 입적해 버리고 말자, 직접 중국에 들어가 입적한 혜능의 두개골을 가져와 돌함 속에 봉안한 뒤 그 곁에서 수행했다는 내용이다.

선종 6대 조사인 혜능의 두개골(頂相)이 봉안돼 있다는 쌍계사 금당.
금당 안에는 육조정상탑이 있고, 그 아래에 육조의 정상이 봉안된 돌함이 묻혀 있다고 전한다.

삼법 스님은 당시 당나라에서 크게 선풍禪風을 일으키고 있던 중국 선종 6대六代 조사祖師인 혜능 선사를 흠모해 그를 찾아가 도를 묻고자 했다. 그러나 뜻을 이루지 못하다가 혜능이 713년 입적했다는 소식을 듣고는 "작은 나라에서 혜능 선사보다 늦게 태어나 당대의 진불眞佛을 참배하지 못하고 말았다."며 애통해했다. 그 후 한 스님으로부터 혜능의 설법 내용을 담은 『육조대사법보단경六祖大師法寶檀經』(줄여서『육조단경』)을 접하게 되면서 큰 감동과 가르침을 받는다. 그리고 내용 중 '내가 입적한 뒤 5~6년 후 나의 머리를 취하는 사람이 있을 것이다.'는 대목을 읽고는 '다른 사람이 가져가기 전에 나의 힘으로 도모해 우리나라 만대의 복전이 되게 하리라.'고 마음먹는다.

그는 김유신金庾信의 부인이던, 영묘사靈妙寺의 법정法淨 비구니에게 뜻을 밝히고 2만 금을 희사받은 뒤, 722년 5월 상선을 타고 당나라에 들어갔다. 그러나 혜능의 머리를 취하는 것이 쉬운 일이 아니었다. 고민하며 시간을 보내다 공부하러 와 있던 신라의 대비大悲 스님을 만나게 돼 서로 뜻을 합하게 된다. 대비 스님과는 전부터 친한 사이였다. 두 스님은 중국인 장정만張淨滿의 도움을 받아 소주紹州 보림사寶林寺의 육조탑에 있는 혜능의 정상을 가져올 수 있게 된다.

11월 항주에서 배를 타고 귀국한 후 영묘사에 정상을 모시고 예배를 올리는데, 삼법 스님의 꿈에 한 노사老師가 나타나 육조 정상을 지리산 아래 '눈 속에 칡꽃인 핀 곳[雪裏葛花處]'에 봉안하라는 계시를 주었다. 이에 대비 스님과 함께 호랑이의 안내를 따라 눈 덮인 지리산 중 칡꽃이 피어난 자리를 찾아 정상을 돌로 만든 함에 넣어 땅속에 안치한 뒤, 그 아래에 수행 공간을 지어 날마다 선정을 닦다 입적했다. 그 후 수행 공간인 화개난야花開蘭若는 화재로 소실되고, 그 터에 진감 국사가 육조 정상을 모시는 육조영당六祖影堂을 건립했다.

고려 때 각훈覺訓 대사가 남긴 「선종육조혜능대사정상동래연기禪宗六祖慧能大師 頂相東來緣起」의 내용이다. 각훈은 이 글 말미에 "부처님의 두골을 오대산에 봉안 하고 육조의 두골은 지리산에 봉안했으니, 이 나라 남북 천리에 부처님과 육조의 정상이 있도다. 한 분은 10만 리 인도 땅에서 왔고, 한 분은 2만 리 중국에서 와 서 영원히 이 나라를 지켜주시니, 이로 인해 우리나라가 참으로 불법의 본원本元 이요 보배로운 곳임을 명확하게 알겠도다. 이는 삼법 화상의 옛글에 의거해 간략 하게 엮은 것이다. 육조의 정상이 영원히 없어지지 않기를 바라노라."고 적었다.

현재 금당 내 석감石龕 위에는 7층 석탑이 있는데, 이는 1800년대에 주변에 있 던 목압사木鴨寺의 석탑을 용담龍潭 선사가 옮겨와 세운 것이다. 이때부터 이 탑 은 '육조정상탑'으로 불리었고, 전각은 '육조정상탑전'으로 부르고 있다. 현재 건 물은 1797년에 중수한 것이다.


## 추사 김정희 글씨 '육조정상탑', '세계일화조종육엽'


육조정상탑전인 금당에는 앞면 중앙에 '금당金堂'이라는 편액이 있고, 그 좌우 에 '육조정상탑六祖頂相塔'과 '세계일화조종육엽世界一花祖宗六葉' 편액이 걸려 있다.

둘 다 조선의 명필 추사 김정희의 글씨다. 추사풍이 물씬 나는 글씨 편액이다. 현재 걸린 것은 복제품이고, 원본은 쌍계사 성보박물관에 보관돼 있다.

추사가 이 편액 글씨를 쌍계사에 써 준 내력은 따로 기록으로 전하지는 않지만, 당시 추사와 친했던 만허晩虛 스님이 금당에 머물고 있었던 데다 추사가 불교에도 해박한 식견을 가지고 있었던 때문으로 보인다.

만허 스님은 차도 잘 만들었고, 그 차를 추사에게 보내 맛보게 하곤 했다. 『완당선생전집』의 「희증만허병서戲贈晩虛幷書」에 소개돼 있는 "만허는 쌍계사 육조탑 아래에 주석하는데 제다製茶에 공교工巧해서 차를 가지고 와 먹게 해 준다. 비록 용정龍井의 두강頭綱이라도 이보다 더 낫지는 않을 것이다. 향적세계香積世界의 부엌에도 이런 무상묘미無上妙味는 없을 것이다. 그래서 다종일구茶鐘一具를 기증해 육조탑 앞에 차를 공양하게 했다."는 글귀는 두 사람의 관계를 추측하게 한다.

선종禪宗에서는 달마 대사를 시조로 꼽는다. 남인도 향지국 왕자로 태어난 달

금당에 걸려 있는 추사 김정희 글씨 편액 '육조정상탑(위)'과 '세계일화조종육엽(아래)'.

마는 일찍 출가해 수도하다 중국으로 건너왔다. 소림사에서 9년 동안 면벽 수행을 한 그는 '불립문자不立文字·교외별전敎外別傳·직지인심直指人心·견성성불見性成佛'이라는 선종의 근본 교의를 확립했다. 이후 2조 혜가, 3조 승찬, 4조 도신, 5조 홍인을 거쳐 6조 혜능으로 이어지면서 선은 심화되고 꽃을 활짝 피우게 된다.

'세계일화조종육엽'은 이같은 선종의 역사를 담은 표현으로, 부처님의 깨달은 자리인 불법의 세계(한 송이 꽃)가 초조 달마에서 6조 혜능까지 이어졌다는 의미다.

금당 좌우 건물에는 '서방장西方丈'과 '동방장東方丈' 편액이 걸려 있다. 이는 선승들이 좌선 수행하는 공간인 선방이다. 각각 세 칸짜리, 13평 규모의 작은 건물로 열 명 정도씩 앉을 수 있는 선방이지만, 수많은 고승이 거쳐 간 명당이다. 특히 서방장은 한 철만 제대로 수행하면 깨달음을 얻을 수 있다고 알려질 만큼 뛰어난 수행처로 통한다.

'서방장', '동방장' 편액은 청남菁南 오제봉(1908~1991) 글씨다. 당시 대표적 서예가였던 청남은 김천 출신으로 진주와 부산에서 주로 활동했다. 쌍계사의 '청학루靑鶴樓', '범종루梵鐘樓' 등 편액도 그의 글씨다.

금당에는 네 개짜리 주련이 걸려 있다. 혜능이 깨달음의 경지를 드러낸 시로, 스승인 5조 홍인이 이를 통해 그의 깨달음을 경지를 인가하게 된다. 내용은 '깨달음은 본래 의지할 나무가 따로 없고 菩提本無樹/ 맑은 거울 또한 틀이 없다네 明鏡亦非臺./ 본래 텅 비어 아무것도 없는데 本來無一物/ 어디에서 먼지나 티끌이 일어나겠는가 何處惹塵埃.'이다.

# 육조 두개골 봉안의 진실

　쌍계사 금당의 육조정상탑 아래에는 정말 혜능의 두개골이 봉안돼 있을까.

　2012년 변인석 아주대 명예교수는 이와 관련, 사실이 아니라는 주장을 폈다. 대비 스님이 혜능의 정상 탈취를 시도한 것은 사실이지만, 그것이 성공해 쌍계사에 모셨다는 것은 사실이 아니라는 것이다.

　『육조단경』은 혜능이 자신의 입적 후 어떤 사람이 자신의 머리를 취하려는 절취 사건이 벌어질 것이라고 예언했다. 제자들은 혜능의 시신을 화장하지 않고 마포로 감싸고 옻칠을 해 살아 있을 때 모습 그대로 보존했다. 머리가 도난당하지 않도록 목과 머리 부분에 특별히 쇠를 덧댔다. 그런데 놀랍게도 정말 그 머리를 훔쳐 가려는 사건이 벌어졌다. 대비 스님이 장정만이라는 사람을 고용해 머리를 취하려다 발각돼 붙잡혔고, 이들을 엄벌하려는 현령을 혜능 제자인 영도 선사가 설득해 사면했다.

중국 광동 성 조계산 남화선사에 있는 혜능 진신상.
입적 후 시신을 3년간 숯과 함께 큰 항아리에 보관했다가 꺼내
옻칠을 한 것이라 한다. 1천300년이나 된 시신인 셈이다.

여기까지는 중국 문헌들에 기록돼 있는 사실이다. 그러나 각훈 스님의 「동래연기」는 이를 토대로 더 나아가 정상 탈취에 성공하고, 쌍계사에 모실 수 있었던 것으로 각색했다는 주장이다.

변 교수는 혜능 시신은 지금까지도 훼손되지 않고 전해져 오고 있다는 정황과 기록이 일관되게 나타나고 있다는 점 등을 근거로 들었다. 그래서 「동래연기」를 각훈 스님이 썼다지만 그의 대표적 저서인 『해동고승전』의 수준에는 전혀 못 미치며, 그 원본은커녕 목록조차 찾아보기 힘든 점 등을 근거로 「동래연기」는 누군가 각훈 스님의 이름을 빌려 꾸며낸 허구일 것이라고 주장했다.

이 같은 일이 있었던 배경에 대해 변 교수는 혜능에 대한 신라인들의 지극한 존경심과 함께 "중국에서 선종이 쇠퇴해 자취를 감췄을 때 동이東夷에서 물으면 된다."고 한 중국 선사의 말처럼 신라가 선의 중심지가 될 것이라는 자부심이 표현된 것이라고 해석했다.

중국 광동 성廣東省 조계산曹溪山의 남화선사南華禪寺에는 지금도 혜능의 진신상이 모셔져 있다. 입적 후 3년간 숯과 함께 항아리에 모셨다가 꺼내 옻칠을 한, 1천300년 전의 시신이다. 남화선사는 혜능이 40년 동안 머물며 법을 설했던 사찰이다. 중국 문화혁명 때 홍위병들이 '이게 무슨 진신상인가.'며 칼로 팔을 쳤다가 흰 뼈가 드러나자 놀라며 물러섰다는 이야기도 전한다.

# 전남 구례 천은사
# 지리산 천은사

2013년 5월 4일 서울의 숭례문 복구 기념식이 열렸다. 국민을 놀라게 했던 화재 발생 후 5년 3개월 만의 일이다. 당시 화마 속에서 겨우 '목숨'을 건진 '숭례문' 현판도 잘못된 부분을 바로잡는 등 보수를 거친 후 이날 제막식을 통해 새 모습을 드러냈다.

'숭례문'이라는 이름은 삼봉三峰 정도전(1342~1398)이 지었다. 유교를 바탕으로 한 이상 사회를 꿈꿨던 그는 유교의 다섯 가지 덕목인 오상五常(인仁, 의義, 예禮, 지智, 신信)실현의 염원을 담아 동서남북 사대문과 누각(흥인지문, 돈의문, 숭례문, 홍지문, 보신각)의 이름을 지었다. '숭례문崇禮門'의 '예禮'는 방향으로는 남쪽, 오행으로는 화火에 해당한다.

글씨는 세종의 맏형인 양녕대군 이제(1394~1462)가 쓴 것으로 알려져 있다. 그는 태종의 명을 받아 경복궁 '경회루慶會樓' 현판을 썼을 만큼 필력을 인정받았다.

숭례문 현판은 소나무로 만들고 검은색 바탕에 양각의 글씨 부분은 흰색을 칠했다. 그런데 대부분 현판이 가로글씨인 것과 달리 세로로 글씨가 배치돼 있다.

시찰의 화기(火氣)를 잠재우기 위해 원교 이광사가
세로로 물 흐르듯이 글씨를 쓴 '지리산 천은사' 편액이 달린 천은사 일주문.
'수체(水體)'라 불리는 이 글씨 편액을 단 후로는 화재가 일어나지 않았다 한다.

세로 현판은 화기를 누르는 의미를 지니고 있다. 물이 위에서 아래로 흐르는 원리에 바탕을 둔, 주술적 의미를 담고 있다 하겠다.

편액 중에는 이처럼 화기를 막기 위해 세로로 만들어 단 경우가 종종 있다. 구례 천은사(구례군 광의면 방광리)의 일주문에 걸린 '지리산 천은사智異山 泉隱寺' 편액도 그 대표적 사례다.


## 불의 기운을 잠재우기 위한 세로 편액

신라 때 창건된 천은사는 원래 이름은 감로사甘露寺였다가 1679년 천은사로 바뀌었다. 당시 단유袒裕 선사가 절을 크게 중수할 때 일이다. 사찰의 샘가에 큰 구렁이가 자주 나타나 사람들이 두려움에 떨곤 했다. 이에 한 스님이 용기를 내 구렁이를 잡아 죽였다. 하지만 그 이후로 샘에서 물이 솟지 않았다. 그래서 '샘이 숨었다.'는 의미의 '천은사'라는 이름을 짓게 되었다고 한다.

그런데 이름을 바꾸고 사찰을 크게 중창했지만, 사찰에 여러 차례 화재가 발생하는 등 불상사가 잇따랐다. 그러자 마을 사람들은 사찰의 물 기운[水氣]을 지켜주던 이무기가 죽은 탓이라고 이야기했다. 세월이 흐른 뒤 당대 최고 명필인 원교圓嶠 이광사(1705~1777)가 이 사찰에 들렀다가 이런 이야기를 듣게 된다. 원교는 우리나라의 독특한 서체인 동국진체를 완성한 명필이다.

'지리산 천은사' 편액과 '극락보전' 편액.

원교는 지필묵을 가져오게 한 뒤, '불의 기운은 물의 기운으로 다스려야 한다.'며 마치 물이 흐르는 듯한 서체로 '지리산 천은사智異山 泉隱寺'라는 편액 글씨를 세로로 써 주었다. 그리고 이 글씨 편액을 일주문에 걸면 화재가 다시는 일어나지 않을 것이라고 했다. 의아해하는 스님도 있었으나 원교의 글씨 편액을 만들어 건 이후로는 화재가 일어나지 않았다 한다.

원교의 이 글씨는 특히 '수체水體'라고도 부르는데, 지금도 고요한 새벽에 일주문에 귀를 대고 있어보면 물소리가 들린다는 이도 있다.

이 편액은 각기 세 자씩 쓴, 세로 두 줄의 편액이다. 보기 드문 경우다. 원교의 편액 글씨 중에서도 대표적 작품으로 꼽는다. 글씨를 보면 수체라는 이름에 걸맞게 그야말로 물 흐르는 듯한 필치를 보여 주고 있다. 획마다 중간중간에 힘이 들어가 꿈틀꿈틀 용틀임하는 듯한 기운이 느껴지는, 그의 여느 다른 글씨와 달리 일필휘지로 시원스럽게 쓴 글씨임을 알 수 있다. 그리고 글자마다 독특한 조형미를 살리고 있어 보는 이의 눈길을 즐겁게 한다.

천은사의 '대웅보전大雄寶殿' 편액 글씨도 원교의 것인데, 이는 그의 전형적인 글씨체다. 천은사에는 원교의 제자인 창암蒼巖 이삼만(1770~1847)의 글씨 편액도 있다. 1844년에 쓴 '보제루普濟樓'와 '회승당會僧堂' 편액이 그것이다.


## 수많은 편액 글씨 남긴 원교 이광사

원교는 역대 명필 서예가 중 매우 개성적인 글씨체를 남긴 인물이다. 천은사 '대웅보전'과 같은 그의 대표적 편액 글씨체는 어디에서 보든 바로 알 수 있을 정도로 개성이 강하다.

해남 대흥사에 있는 '대웅보전' 편액도 그의 작품이다. 이 편액은 추사 김정희와의 일화가 전하는 작품이다. 글씨체는 천은사 '대웅보전'과 유사하나, 대흥사의 이 편액은 천은사 것과는 달리 세로로 두 자씩 만들어져 있다.

추사가 제주도로 유배 가는 길에 초의 선사가 머물던 대흥사에 들러 보니, 자신이 평가절하한 원교의 글씨 편액 '침계루枕溪樓', '대웅보전' 등이 걸려 있는 것을 보게 된다. 추사는 초의 선사에게 "초의 스님, 원교의 대웅보전 현판을 떼어 내리십시오. 글씨를 안다는 사람이 어떻게 저런 것을 걸고 있습니까."고 한 뒤 '대웅

대흥사에 걸린 '대웅보전' 편액(왼쪽)과 '침계루' 편액.
모두 원교 이광사의 글씨다.

보전' 네 글자를 써 주며 새로 만들어 바꿔 걸도록 하라고 했다. 추사는 붓을 잡
은 김에 차를 나누던 방에 걸 '무량수각無量壽閣' 편액 글씨도 하나 더 써 주었다.

그랬던 추사가 9년간의 제주 유배를 바치고 돌아오는 길에 다시 대흥사에 들
러, 초의 선사에게 제주에 가면서 떼어 내라고 한 원교의 대웅보전 현판이 있는
지 묻고는 그것을 다시 달고 자신의 글씨 편액은 떼어 내게 했다. 귀양살이를 통
해 자만심을 많이 버리게 되면서 원교의 글씨에 대한 진가를 알게 되었기 때문일
것이다. 덕분에 원교 글씨 '대웅보전' 편액이 지금까지 걸려 있게 되고, 추사 글씨
'무량수각'도 같은 곳에서 감상할 수 있게 된 것이다. 대흥사의 '천불전千佛殿', '해
탈문解脫門' 편액도 원교의 글씨다.

강진 백련사에도 그의 글씨 편액이 있다. '대웅보전'이다. 이 편액 글씨는 특히
눈길을 끈다. 글씨가 마치 살아 움직이는 듯한 생동감이 넘치면서도 무게감이

강진 백련사 '대웅보전'.

있다. 세로로 두 글자씩 분리해 따로 만들어 걸었는데, 각기 넓이가 다르다. 한쪽은 세 개의 판자를 붙여 만들었고, 다른 쪽은 한 개 판자를 썼다. 그래서 소박하고 자연스러운 멋을 더하고 있다.

장성 백양사 '대웅전' 편액도 그의 글씨인데, 대흥사 '대웅보전'에서 '보'자를 뺀 나머지 글자를 번각해 만든 것임을 알 수 있다. 이밖에도 부안 내소사 '대웅보전', 고창 선운사의 '천왕문天王門'과 '정와靜窩' 등 호남 지역 사찰을 중심으로 그의 글씨 편액을 곳곳에서 만날 수 있다.

원교 이광사의 초상화.
혜원 신윤복의 아버지인 신한평이 그렸다.

# 원교의 굴곡진 삶

원교 이광사(1705~1777)의 집안은 왕실의 후손으로, 대대로 고관을 배출한 벌족閥族이었다. 하지만 소론의 핵심 집안인 탓에 영조 때 노론 정권에 밀려 몰락의 길을 걷게 된다. 원교가 23세 되던 해에 유배지에서 돌아온 부친이 병사하고, 26세 되던 해에는 이인좌의 난에 연루된 백부가 옥사하자 그는 관계官界 진출을 포기했다. 그 후 20여 년간 백하白下 윤순(1680~1741)과 하곡霞谷 정제두(1649~1739)를 스승으로 서예와 양명학 공부에 몰두했다.

"내가 처음 공부할 때 입으로 가르쳐 주며 손을 잡고 가르치는 선배가 없었기 때문에 깨닫기가 매우 어려웠다. 수십 년간 마음을 가라앉히고 거의 1천 자루에 이르는 붓을 닳아 못 쓰게 하고서야 바야흐로 체득할 수 있었다. 체득하기 어려운 까닭에 깊이 좋아하게 되어, 낮에는 먹는 것을 잊고 밤에는 잠자는 것을 잊었다. 여름철에는 간혹 밤을 새우기에 이르렀고, 누우면 손가락으로 배에 획을 그었으며 일어나면 붓이 손에서 떨어지지 않았다. 옛사람의 지극한 경지에 이르지 않았다고 생각되면 그만두지 않았다."

그의 저서 『원교서결圓嶠書訣』에 있는 내용이다.

원교는 50세 때인 1755년에 소론 일파의 역모 사건(나주괘서 사건)에 연루되어 함경도 부령으로 유배되었고, 유배된 지 8년째인 영조 38년(1762년)에 전라도 진도로 이배된다. 이후 다시 완도 신지도로 이배되어 15년을 살다가 1777년 8월, 길고 긴 유배 생활 끝에 일생을 마친다. 그의 이 같은 굴곡진 삶은 그의 글씨체에도 담겨 있다.

'원교체'를 이룩, 후대에 많은 영향을 끼친 그는 서예의 이론을 체계화시킨 『원교서결』 등의 저서를 남기기도 했다.

조선 후기 학자 이규상(1727~1799)은 「서가록書家錄」에서 "원교의 글씨는 비록 해서楷書 글자라도 반드시 우울한 심기를 떨치듯 삐딱하고 비스듬하다. 연기 현감으로 있는 황운조는 '세상 사람들이 원교 글씨의 이런 면을 헐뜯는데, 나는 기결奇傑한 그가 쌓인 울분을 털어놓은 것으로 편안하지 못한 심기가 붓끝에서 울려 나온 것이라고 본다.'고 했는데 이 말이 옳은 것 같다."는 평을 남기고 있다. 원교의 글씨는 인기가 높아 그의 유배지는 글씨를 받으려는 사람들로 문전성시를 이룰 정도였다 한다.

한편 이규상은 "도보道甫(이광사의 자)는 글씨를 쓸 때 노래하는 사람을 세워 두었는데 노랫가락이 우조羽調('우' 음을 으뜸음으로 하는 맑고 씩씩한 느낌의 조)일 경우에는 글씨도 우조 분위기가 서려 있는 것 같았으며, 노랫가락이 평조平調(차분한 느낌의 낮은음의 조)일 경우에는 글씨에 평조의 분위기가 서려 있는 것 같았다 한다."고 적고 있다.

# 경북 칠곡 송림사
## 대웅전

공주 마곡사에 현재 남아 있는 건물 중 창건 연대가 가장 오래된 것은 영산전 靈山殿(보물 제800호)이다. 영산전은 석가모니 부처님이 깨달음을 얻은 후 영취산 靈鷲山에서 설법하던 모습을 담은 〈영산회상도〉를 모시고 있다. 이 법당의 편액 '영산전靈山殿'은 조선 세조의 글씨로 알려져 있다. 이와 관련한 이야기가 전한다.

세조는 생육신의 한 사람인 매월당 김시습이 이곳에 은거하고 있다는 소식을 듣고 직접 그를 달래기 위해 마곡사를 찾았다. 하지만 매월당이 미리 알고 절을 떠나 버려 만날 수가 없었다. 세조는 매월당을 그리며 "김시습이 나를 버리고 떠났으니 연輦(임금이 타는 가마)을 타고 갈 수 없다."고 한 뒤 연을 버리고 소를 타고 왕궁으로 돌아갔다. 당시 세조가 타고 왔던 연은 마곡사에 보관돼 있다. '영산전' 편액 글씨는 그 당시 세조가 직접 써서 하사했다고 한다. '영산전靈山殿' 글씨 옆에는 '세조어필'이라는 글씨가 쓰여 있다.

이 편액처럼 사찰의 편액 중 이런저런 인연으로 임금의 글씨, 소위 어필御筆(왕과 왕비의 글씨)로 된 것이 곳곳에 있다. 그중 사찰의 본전인 '대웅전' 편액 중 보기 드물게 왕(숙종)의 글씨로 전하는 것이 있는데, 칠곡 송림사 '대웅전'이 대표적 예다. 매우 큰 편액으로 누구나 선호할, 방정하면서도 부드러운 힘이 느껴지는 글씨다. 그런데 경주 불국사 '대웅전' 편액이 똑같은 글씨다. 속리산 법주사 '대웅보전' 편액도 자세히 보면 같은 인물이 쓴 글씨임을 알 수 있다. 어느 것이 원본일까?

## 방정하고 부드러운 숙종의 글씨

칠곡 송림사의 '대웅전大雄殿' 편액은 오래전부터 숙종의 글씨로 전해 내려오고 있다. 그 정확한 연유가 무엇인지는 알려져 있지 않다. 다만 대웅전 건물이 정유재란(1597년) 때 불탄 후 숙종 재위 때인 1686년 기성箕城 대사에 의해 중창됐다는 기록이 있다. 송림사는 당시에 숙종이 '대웅전' 편액 글씨를 직접 써서 내린 것으로 사찰 안내문에 소개하고 있다. 하지만 다른 기록이나 근거가 있는 것은 아니다.

검은색 바탕에, 양각의 글씨 부분은 흰색이 칠해진 통상적인 형태

다. 편액 틀도 단순하고 소박한 편인데 처음 달 때의 것인지는 몰라도 매우 오래
된 편액으로 보인다. 가로 366센티미터, 세로 160센티미터나 되는 큰 편액으로
네 개의 판자를 붙여 만들었고, 편액을 꽉 채운 글씨는 방정하면서도 획이 부드
러운 느낌을 줘 보는 이들이 호감을 갖게 한다.

　그런데 불국사의 '대웅전' 편액을 보면 송림사의 것과 거의 같은 글씨임을 알
수 있다. 이 편액 글씨가 언제 어떻게 걸리게 되었는지는 확인할 길이 없다. 다만

불국사 대웅전도 숙종 3년(1677년)에 기와를 새로 바꾸고 숙종 34년(1708년)에는 서쪽 기둥을 교체했다는 기록이 있는 만큼, 당시에 숙종의 글씨를 구하거나 송림사의 편액 글씨를 베껴와 편액을 만들어 달았을 수도 있다. 1676년 숙종과 인현왕후 민씨의 칙명으로 자수 비로자나불탱을 만들어 불국사에 봉안케 했다는 기록이 있어, 이와 관련이 있는지 모르겠다.

불국사 편액도 송림사 것과 유사하나, 틀 부분에 화려한 문양이 있고 아래 양쪽에 구름무늬로 조각한 장식이 있는 점이 다르다. 바닥은 크고 작은 가로 판자 다섯 개를 붙여 만들었다.

그런데 법주사 '대웅보전' 편액 글씨를 보면, 두 '대웅전' 글씨와 흡사하다. 모두 같은 인물의 글씨라면, 두 편액보다 '대웅보전' 편액이 앞서는 것으로 추정할 수 있다. '대웅보전' 글씨 중 '보'자를 뺀 나머지 세 글자를 모사해 편액을 만든 것으로 볼 수 있기 때문이다.

법주사 대웅보전도 1715년(숙종 41년) 중수했다는 기록이 있어, 이때 숙종의 편액 글씨를 받았을 수 있을 것이다. 그리고 이 '대웅보전' 편액 글씨는 두 '대웅

전' 글씨와 달리 금니金泥(아교에 개어 바른 금박)로 돼 있다. 옛날에는 어필의 경우 금니로 하는 관례가 있었다.

송림사와 불국사 '대웅전'과 법주사 '대웅보전' 글씨를 보면 '웅'자의 경우 약간의 차이점을 지적할 수는 있으나 여러 차례 덧칠을 하는 등의 과정에서 생겨난 것으로 판단되고, 원본은 같은 글씨로 봐도 될 듯하다. 법주사 편액은 5년에 걸친 대웅보전 보수공사 당시(2005년 준공) 칠을 다시 해 건 것으로, 새 편액인 것처럼 보인다. 법주사 '대웅보전' 편액이 누구의 글씨인지 아는 사람이 없다.

어떻든 숙종의 편액 글씨는 뛰어나 사찰에서도 선호했을 것이고, 억불 정책 아래서 왕의 글씨 편액을 걸어 놓음으로써 관리나 양반들의 횡포를 최소화하려는 측면도 있었을 듯하다. 그런 이유로 숙종 재위 중에 불사佛事를 하면서 그 어필 편액을 걸고자 했을 것이다. 붓글씨는 물론 시문에도 상당한 수준에 올랐던 숙종은 조선 초기부터 왕실에서 꾸준히 답습한 송설체를 바탕으로 하면서 그 근원인 왕희지체를 혼합, 방정하고 부드러운 송설체 풍 글씨를 썼다.

같은 인물의 글씨로 보이는 세 편액. 앞 페이지 왼쪽부터 송림사 '대웅전', 불국사 '대웅전', 법주사 '대웅보전'.

# 왕들이 쓴 현판들

송림사와 불국사 '대웅전', 마곡사 '영산전' 편액과 함께 사찰 곳곳에 어필 편액이 전해 오고 있다.

순천 선암사의 '대복전大福田' 편액은 조선 23대 왕인 순조(재위 1800~1834)의 친필이다. 어머니가 선암사에서 득남을 기원하는 불공을 드린 후 태어난 순조는, 성장한 후 본인이 태어난 선암사에 큰 복밭이라는 뜻의 '대복전'이라는 글씨를 써 하사했다고 한다. 글씨는 즉위 전에 써 준 것이다. 함께 써서 하사한 것으로 보이는 '천天'자, '인人'자 편액도 있다.

헌종(재위 1834~1849)은 합천 해인사에 '사방무일사四方無一事'라는 편액을 내렸다. 당시 안동 김씨와 외척 간의 권력 다툼이 극에 달해 정국이 혼란스러웠던 상황에서 나라 안 사방이 아무런 불상사 없이 태평하도록 부처님께 기원한 왕의 간절한 마음이 담겨 있다. 해인사의 '길상吉祥'이라는 편액도 헌종의 글씨다.

해남 대흥사의 '표충사(表忠祠)' 편액.
정조의 글씨다.

해남 대흥사에는 임진왜란 때 활약한 승병 대장인 서산 대사 휴정과 사명 대사 유정, 뇌묵당雷默堂 처영의 영정을 모신 사당인 표충사가 있다. 사액 사우인 이

'표충사表忠祠' 편액 글씨는 정조(재위 1776~1800)가 썼다. 1789년에 이 사당 건립을 허락하면서 '표충表忠'이라는 묘우 이름을 짓고, 편액 글씨 '표충사'를 직접 써서 하사한 것이다. 힘이 느껴지는 장중한 필치의 행서로 검은 바탕에 금니 글씨로 돼 있다. 한 개의 판자에 한 글자씩, 세 개의 판자로 이뤄져 있다. 정조는 역대 왕 중 대표적 명필로 꼽힌다. 팔공산 파계사에 있는 '천향각天香閣' 편액도 정조 글씨다.

경기도 고양에 있는 홍국사(고양시 덕양구 지축동)는 영조가 어머니 숙빈 최씨의 원찰로 삼고 약사전을 증축한 뒤 '약사전藥師殿' 편액을 직접 써 하사했다. 지금도 그 편액이 걸려 있다. 단정한 해서로 결구가 치밀하다.

물론 궁궐 전각에도 여러 어필 편액이 걸려 있다. 한편 농암 종택에는 선조가 하사한 '적선積善'이라는 글씨를 편액으로 만들어 걸어 놓고 있다.

# 조선 왕들의 글씨

　조선의 왕들은 사람에 따라 정도의 차이는 있지만, 대체로 서화에도 뜻을 두고 여기餘技로 즐겼다. 세종은 그림이 뛰어나 난죽 병풍을 남겼다 하고, 문종과 성종은 원나라 조맹부의 서체인 송설체로 쓴 작품을 남겼다. 송설체는 조선 왕실의 서예 취향을 대표하는 서풍으로 각광받았고, 이런 분위기는 17세기까지 이어졌다.

　가늘면서도 유려한 송설체를 따랐던 15~16세기 국왕의 글씨는 선조를 계기로 조금씩 변하게 된다. 선조는 선왕의 글씨를 본받는 왕실의 관행을 따르면서도 송설체의 근원인 왕희지 서법을 탐구했다. 목판, 첩, 병풍 등 다양한 자료가 전해지는 선조 글씨는 유려한 행서나 초서 작품도 있지만, 대자로 쓴 당당한 필치의 작품 등을 통해 서예가로서 다양한 보폭을 보여 주고 있다. 이러한 선조의 글씨는 또는 후대 왕들에게도 영향을 끼쳤다.

　선조의 자신감 있는 필치는 숙종(재위 1674~1720)에 이르러 다시 한 번 변했다. 숙종 재위 연간은 조선 왕실에서 꾸준히 답습해온 송설체가 조선식 송설체로 자리 잡으며 중심적인 서풍으로 발전한다. 숙종은 송설체를 바탕으로 하면서 그 근원인 왕희지체를 혼합해 방정하고 부드러운 글씨를 썼다.

　숙종의 글씨풍은 영조가 계승해 더욱 유려한 송설체를 구사했다. 왕희지 글씨에 깊은 관심을 드러낸 영조는 두 서풍을 기반으로 독특한 개성이 가미된 어필을 많이 남겼다. 영조 이후 등극한 정조는 석봉체와 숙종·영조의 글씨 등을 공부해, 굵고 강직한 필획이 특징인 나름의 서풍을 구사했다. 당나라 안진경의 글씨를 본받아 두툼한 필획과 자형을 구사하기도 했다.

고종은 나름대로 서예에 취미가 있어 그가 남긴 편액 글씨가 상당수에 이르며, 안진경체를 토대로 획이 굵고 자형이 방정한 해서뿐만 아니라 자유롭고 호방한 느낌의 행서도 잘 썼다.

# 전남 순천 송광사
# 세월각, 척주당

한국의 옛 산사山寺가 중국이나 일본의 사찰과 구별되는 점은, 사찰 입구에 숲길이 있다는 것이다. 중국이나 일본과 달리 우리나라의 경우, 산사의 입구에 긴 숲길이 조성돼 있지 않은 사찰이 거의 없다.

한국의 전통 사찰은 이런 숲길을 거쳐 일주문에 이르도록 돼 있다. 불교 우주관에서 나온 이 숲길은 불국토佛國土인 사찰과 속세의 경계인 셈이다. 이 길을 통과해 불국토에 이르게 하는 구조로 돼 있다. 이 숲길을 통과하면서 청정한 마음을 갖도록 하고 있는 것이다.

우리의 산사에는 대부분 이처럼 사찰에 이르는 아름다운 숲길이 있어, 사찰을 찾는 이로 하여금 그 길을 걸으며 세속에 찌든 마음을 씻도록 하고 있다. 그 좋은 숲길들이 요즘은 대부분 차량이 분주히 다니는 '세속의 길'로 바뀌어, 마음을 청정하게 만드는 분위기를 해치고 있는 것은 아쉬운 점이다. 최근 들어 보행 전용 숲길을 복원하는 사찰이 생겨나고 있어 그나마 다행이다.

이런 숲길과 함께 사찰 입구, 주로 선종 사찰의 일주문 등에 '입차문래 막존지해入此門來 莫存知解'라는 주련을 걸거나 표석을 세운 곳도 적지 않다. 사찰을 찾는 이는 누구든지 알음알이를 다 버리고 불국토의 문을 들어서라는 의미다.

사람들은 이처럼 숲길을 지나며, 그리고 표석을 보며 세속의 번뇌와 지식을 버리고 마음을 비우게 되는데, 죽은 사람의 영혼은 사찰 경내에 들어가려면 어떤 정화 장치를 거쳐야 할까. 순천 송광사에 가면 이에 대한 해답을 알 수 있는 건물이 있다.

송광사의 척주당과 세월각. 영혼 천도 의식을 치르기 전 망자의 영혼을 씻는 공간으로 사용되던 곳이다.

# 망자의 영혼을 씻는 공간
## '세월각洗月閣', '척주당滌珠堂'

송광사 주차장에 차를 세우고 계곡 옆으로 난 송광사 입구 숲길을 따라 한참 올라가면 숲길이 끝나는 곳에 일주문이 나온다. '조계산 대승선종 송광사曹溪山 大乘禪宗 松廣寺'란 세로 편액이 걸린 일주문을 들어서면, 왼쪽으로 계곡물을 건너는 능허교와 그 위에 지은 우화각이 보인다. 그 다리 누각을 건너기 전 우측에 작은 한옥 두 개가 있다. 단청도 없는, 소박하고 작은 건물이어서 그냥 지나치기에 십상이다. 하지만 이 건물이 다른 사찰에서는 유례를 찾아볼 수 없는, 특별한 공간이다.

'세월각洗月閣', '척주당滌珠堂'이라는 편액이 걸린 건물로, 망자들이 우화각을 지나 사찰 안 법당(지장전)으로 가기 전에 관욕灌浴 의식을 치르는 곳이다. 관욕은 불교의 영혼 천도 의식 때 행해지는 영혼에 대한 목욕 의례로, 세속의 인연과 더러움을 씻어 영가靈駕의 번뇌를 없앰으로써 청정한 본래의 마음을 회복시키는 절차다. 영가를 모시는 가족들이 이곳에서 깨끗한 제복으로 갈아입는 곳이기도 하다.

두 개 공간을 별도로 마련한 것은 남성과 여성의 영혼이 정화하는 공간을 각각 따로 구분하기 위한 것이다. 세월각이 여성 영가의 위패를 모시고 관욕하는 것이고, 척주당이 남자의 위패를 모시고 영혼을 씻는 곳이다. '세월'은 달을 씻는다는 의미이고, '척주'는 구슬을 씻는다는 뜻이다. 달은 여자의 성을, 구슬은 남

자의 성을 상징하고 있는 것이라 하겠다. 세속의 때를 씻는다는 의미의 핵심은 남녀의 성욕을 정화한다는 뜻을 나타내는 것인지 모르겠다.

흥미로운 것은 세월각의 방향이다. 세월각과 척주당이 'ㄱ'자 모양으로 자리 잡고 있는데, 척주당은 대웅보전과 마주하는 방향인 반면, 세월각은 대웅보전을 마주하지 않고 일주문 쪽을 향해 있다. 여성의 영가는 부처를 모신 대웅보전을 마주 보지 않게 만들어놓은 것이다.

한 칸짜리 기와집인 이 두 건물은 고려 때부터 있었다고 하는데, '세월각', '척주당' 편액 글씨는 누가 썼는지 알 수 없다. 송광사 성보박물관 관계자에 따르면 오래전부터 걸려 있었던 편액이라고 한다.

세월각과 척주당에서 관욕을 마친 영가는 우화각을 지나 사찰의 본 영역으로 들어가 지장전에 모셔지게 된다. 지장전에서 본격적인 영가천도 의식이 치러지기 때문이다.

세월각과 척주당은 현재는 관욕 공간으로 사용되지 않고 있다고 한다. 세태가 변하면서 이 공간에서의 관욕 의식은 점차 사라져 버리게 된 것이다.

# 여섯 감각기관의 작용을 비추어 보는
## '육감정六鑑亭'

송광사에는 이와 함께 이색적인 이름의 전각이 또 있다. '육감정六鑑亭'과 '삼청선각三淸仙閣'이라는 편액이 붙은 건물이다. 세월각과 척주당 건너편, 계곡 가에 있는 정자다. 이 육감정은 계곡 하천을 다듬어 만든 계담溪潭과 어울려 아름다운 풍광을 선사하는 곳으로, 송광사 경치 중 으뜸으로 꼽힌다.

계담을 가로질러 무지개 돌다리 능허교를 놓고 그 위에다 우화각을 지어, 무지개다리를 건너가면 피안彼岸의 세계로 들어가는 구도로 만들었다. 우화각羽化閣이라는 것도 피안의 세계로 들어가서 '날개가 돋아 신선의 세계로 오르는[羽化而登仙] 것'임을 상징하고 있다.

우화각을 지나 신선이 된 이들이 머무는 곳으로 지은 것이 삼청선각이다. 이 건물은 일부가 계담 쪽으로 튀어나와 두 기둥이 계곡 물에 드리워져 있다. 삼청三淸은 도교 신선이 사는 곳을 표현하는 명칭으로, 최고의 이상향을 의미한다. 옥청玉淸·상청上淸·태청太淸을 지칭한다. 또한 수청水淸·월청月淸·풍청風淸을 삼청이라고도 한다. 이 삼청선각에 오르면 육신뿐만 아니라 정신까지도 밝은 거울처럼 깨끗하게 비출 수 있다고 하여, 이곳을 육감정이라고도 했다.

육감정은 육근六根(안眼, 이耳, 비鼻, 설舌, 신身, 의意)을 고요히 하여 육진六塵(색色, 성聲, 향香, 미味, 촉觸, 법法)의 경계를 거울처럼 집착 없이 밝고 지혜롭게 비춰보는 정자라는 의미라고 한다.

당대 호남의 명필 창암 이삼만의 글씨인 '육감정' 편액.
여섯 개의 감각기관을 맑게 하여 모든 것을 집착 없이 지혜롭게 비춰보는 정자라는 의미다.

'육감정' 편액은 동국진체를 이은 호남의 명필 창암蒼巖 이삼만(1770~1845)의 글씨다. 1837년(도광道光 17년) 4월에 쓴 것이다. '삼청선각' 글씨도 좋은데 누구 글씨인지는 알 수가 없다.

육감정 기둥에 걸린 주련 글귀는 조계총림 송광사 초대 방장을 지낸 구산九山 스님(1910~1983)의 게송이다.

"대지가 황금인들 보배가 아니고 大地眞金未是珍/ 성현이 존귀해도 내가 알 바 아니네 聖賢尊貴非我親./ 눈에 비친 온 누리에 풀 하나 없는데 滿目乾坤無寸草/ 조계산 밝은 달빛 간담까지 시리구나 曹溪山月照膽寒."

# 관음전에 얽힌 이야기

송광사에는 세월각과 척주당 말고도 이색적인 전각이 하나 있다. 관음전이다. 종전에는 '성수전聖壽殿'으로 불리던 전각이다. 내·외부 벽화가 다른 사찰 전각과 달리 화조도나 산수화, 문신 그림, 일월도 등으로 그려져 있어 눈길을 끈다.

이 건물은 1903년 고종 황제의 성수망육聖壽望六(51세)을 맞아 건립, 고종이 직접 이름을 지어서 '성수전聖壽殿'이란 편액을 내린 황실 기도처였다. 51세 생일을 맞아 황실과 나라의 안녕을 기원하기 위한 원당의 필요성을 기로소耆老所(조선 시대 왕 및 조정 원로의 연회 등을 주관한 기구)에서 제기하면서 건립이 추진된 것이다. 준공 후 위패를 봉안한 1904년부터 1908년까지 매월 초하루와 보름에 조례 의식이 이곳에서 거행되었다.

성수전은 1957년 송광사 경내의 옛 관음전을 해체하면서 황실 위패를 봉안했던 이곳에 목조 관세음보살상을 옮겨 봉안하게 되고, 명칭도 관음전으로 바꾼 것이다.

이런 역사를 가진 관음전이기에 건물의 구조나 구성, 벽화 등이 일반 사찰 전각과는 다를 수밖에 없다. 관음전 처마 끝에는 '해海'자와 '수水'자가 교대로 쓰여 있다. 이는 풍수적으로 송광사의 불기운으로부터 전각을 보호하기 위한 것이었다. 내부 천장에는 연화문 반자를 중심으로 물고기, 용 등의 형상이 단청으로 장식돼 있다. 또한, 전각 중앙의 석축 앞에 있는 계단의 계단석이 거북이 모양을 하고 있는데, 이는 성수전이 용궁을 상징했다고 볼 수 있다.

벽화도 물론 일반적 사찰 벽화와는 내용이 완전히 다르다. 외벽에는 괴석, 파초, 소나무, 매화, 모란, 석류나무, 오리, 백로 등이 그려져 있다. 부귀, 번영, 장수, 자손 번창, 부부 화합 등을 상징하는 것들이다. 내벽에도 비슷한 의미를 지닌 화훼도와 화조도가 그려져 있다. 내벽에는 이와 함께 중앙 감실龕室을 향해 좌우에 관복을 입고 공손히 몸을 숙이고 있는 신하들이 그려져 있다. 신하마다 품계를 표시하고 있는데, 정1품·종1품·정2품의 신하로 구분돼 있다. '정2품 이상의 문관 가운데 70세 이상'이라는 기로소 입소 규정에 따른 신하들로, 1902년 고종과 함께 기로소에 들어갔던 기로신耆老臣 열네 명을 재현한 것이라고 한다. 그리고 중앙 감실 벽에는 해와 달이 그려져 있는데, 이는 고종과 명성황후를 상징한다.

관음전 실내 벽화 중 하나인 문신의 모습.

한글 편액과 주련이 걸린 봉선사 큰법당(대웅전).
운허 스님의 뜻으로 1970년에 걸린 '큰법당' 편액은 최초의 대웅전 한글 편액이다.

# 경기 남양주 봉선사
## 큰법당

 

조선 세조(1417~1468) 왕릉인 광릉光陵 부근에 있는 봉선사(경기도 남양주시 진접읍 부평리). 사찰 이름은 1469년(예종 1년), 세조의 비인 정희왕후貞熹王后 윤씨가 세조가 승하하자 운악산 아래에 능을 마련한 뒤, 능을 보호하기 위해 폐사廢寺가 된 기존의 사찰 터에 여든아홉 칸의 규모로 사찰을 중창한 뒤 새로 정한 것이다. 예종이 사찰 편액을 내린 '봉선사奉先寺'는 선왕의 능침陵寢을 수호하며 명복을 비는, 선왕을 받드는 사찰이라는 의미를 담고 있다. 당시 '봉선사' 편액은 예종이 직접 써서 내렸다고 한다. 969년(고려 광종 20년) 법인法印 국사 탄문坦文이 창건했을 당시는 산의 이름을 따 '운악사雲岳寺'라 불렀다.

이 봉선사에 가면 한문으로 된 편액이나 주련 때문에 주눅이 들지 않아도 된다. 전각의 편액이나 주련이 대부분 한글로 되어 있기 때문이다. 불교 경전 한글화 사업에 평생을 바친 승려인 운허耘虛 용하龍夏 스님(1892~1980) 덕분이다.

## 대웅전에 걸린 한글 편액 '큰법당'

다른 사찰과 달리 봉선사는 중심 전각인 대웅전에 걸린 편액 글씨가 '큰법당'이다. 한글로 되어 있다. 단정하면서도 원만한, 보는 이들이 모두 좋아할 글씨다.

봉선사는 한국전쟁으로 1951년 3월에 법당 등 14동 150칸의 건물이 완전히 소실된 후, 1959년에 범종각이 건립된 데 이어 1963년에는 운하당雲霞堂이 세워졌다. 대웅전인 큰법당은 1970년 당시 주지였던 운허 스님이 중건했다. 운허 스님은 이때 '대웅전'이라 하지 않고, '큰법당'이라 이름 지어 한글 편액을 달았다. 불교 대중화의 뜻을 담은 상징이라 하겠다. 우리나라 사찰의 한글 편액으로는 이것이 처음이다. 큰법당 내부도 3면의 벽에 한글로 된 『법화경』 동판(125매)과 한문 『법화경』 동판(227매)을 함께 부착해 놓아 눈길을 끈다.

큰법당 편액 글씨의 주인공은 만년에 구미에서 활동한 운봉雲峰 금인석(1921~1992)이다. 포항 출신으로 동경대 경제과와 서울대 행정대학원을 졸업한 운봉은 고등고시(행정과)에 합격, 국회 재경위 전문위원까지 역임한 관료 서예가다. 대구의 서예가 석재石齋 서병오(1862~1936)를 사사했다 한다. 그는 '구미시민헌장', '금오산사적비' 등 한글 작품을 비롯해 많은 서예 작품을 곳곳에 남겼다.

큰법당 앞에 있는 건물 '방적당放跡堂' 편액도 그의 글씨다. 방적당은 '발걸음을 자유롭게 놓아 준다.'는 뜻으로, 첫 단계의 수행을 마치고 다시 다듬는 스님들이 사는 곳이란 의미를 담고 있다.

큰법당 기둥에 걸린 네 개의 주련도 한글로 되어 있다. '온 누리 티끌 세어서 알

포항 출신 서예가 운봉 금인석의 '큰법당', '방적당' 편액.

고/ 큰 바다의 물을 모두 마시고/ 허공을 재고 바람 얽어도/ 부처님 공덕 다 말 못하고'이다. 『화엄경』에 있는 보현보살의 게송을 운허 스님이 우리말로 옮긴 것 이다. 원문은 "刹塵心念可數知 大海中水可飲盡 虛空可量風可繫 無能盡設佛 功德."

이것은 석주昔珠 스님(1909~2004)의 글씨다. 서예 작품으로도 이름이 높았던 석 주 스님 역시 역경譯經 사업에 남다른 열정을 보이며 운허 스님과 함께 경전 한글 화에 매진했다. 그는 자신이 오래 머물렀던 서울 칠보사의 대웅전 편액을 자신 이 쓴 한글 '큰법당'으로 바꿔 다는 등 한글로 된 편액이나 주련 작품을 많이 남 겼다.

큰법당 뒤에 있는 조사전祖師殿의 한글 주련 네 개도 눈길을 끈다. 내용은 '이 절 을 처음 지어/ 기울면 바로 잡고/ 불타서 다시 지은/ 고마우신 그 공덕'인데, 운

'운악산 봉선사'는 운허 스님 글씨.

허 스님과 석주 스님의 합작품이다. 운허 스님이 짓고, 글씨는 석주 스님이 쓴 것
이다. 아름다운 한 편의 시와 같은 글귀로, 한문 주련 글 못지않게 멋지다. 조사
전 편액은 김천 출신으로 진주와 부산에서 활동한 서예가 청남菁南 오제봉
(1908~1991)의 글씨다.

봉선사에는 운허 스님의 필적도 있다. 2005년에 신축한 일주문에 걸린 한글
편액 '운악산 봉선사'이다. 운허 스님 유고에서 집자해 만든 것이다. 정감이 가
는, 소박하고 편안한 글씨다. 이밖에 설법전의 사방 기둥에 걸린 주련과 '범종루'
편액 등도 한글로 되어 있다.

# 불경 한글화 서원한 역경의 화신 운허 스님

"다음 생에도 다시 태어나 못 다한 역경 사업을 하겠다."

운허 스님이 이 세상을 떠날 날이 다가오자 제자들에게 한 말이다. 그의 일생은 그야말로 '역경 한평생'이었다. 그는 20세 때부터 만주 등지에서 육영 사업, 비밀단체 가입, 독립 결사 조직 등을 통해 독립운동을 하다가 1921년 일본 경찰에 발각돼 쫓기던 중 강원도 회양 첩첩산중에 있는 봉일사라는 절로 숨어든 것이 그대로 삭발 출가의 길이 됐다. 출가 전 한학과 신학문 등 학문의 기초를 다진 그는 절 생활에서도 금세 두각을 드러냈다.

봉일사에서 금강산 유점사로 가서 서기 소임을 맡고 있던 운허 스님에 대한 소문이 당대 대표적 학승인 봉선사의 월초月初 스님에게 전해졌다. 그를 봉선사로 불러온 월초 스님은 경학 공부를 하게 했다. 부산 범어사에서 당대의 대강백 진응震應 스님에게 지도를 받으면서 그의 공부는 일취월장의 진전을 보였다. 다시 개운사의 박한영 스님(1870~1948) 문하에 들어가 경학 공부를 또 확고히 다졌다.

운허 스님은 불교가 중흥하려면 한문으로 된 불교 경전을 한글화하는 것이 선결 과제라고 생각, 불경 번역의 서원을 세우고 그 실천을 위해 혼신의 힘을 다했다. 1961년 국내 최초로 한글판『불교사전』을 편찬한 것을 비롯해 경전 한글화 작업에 매진했다. 그리고 그는 혼자 힘으로는 방대한 불경을 모두 한글화하기가 어렵다고 판단하고 역경원 설립을 추진, 1964년 한국 불교사에 길이 남을 동국대학교 역경원을 개원했다. 여든을 바라보는 나이에 초대 원장으로 취임해 해인사 소장 대장경을 번역하는 대불사大佛事에 착수했다. 한글대장경은 2001년 4월에 완간(318권)되었다.

운허 스님의 스승인 월초 스님도 불경 번역과 경전 강의에 일생을 바친 학승이었고, 스승 월초 스님에 이어 운허 스님도 불경 한글화를 통한 불교 대중화에 매진한 것이다. 그 산실이었던 봉선사는 한글과 각별한 인연이 있는 사찰이기도 하다. 세조 재위 시절『법화경』등 9종의 경전을 우리말로 옮기는 작업을 주도했던 사찰이기 때문이다. 당시 봉선사에는 간경도감刊經都監(불경의 번역과 간행을 맡아보던 임시 관아)이 설치돼 있었다.

한글과 봉선사는 이처럼 특별한 인연이 있었던 만큼, 봉선사 법당의 편액과 주련이 운허 스님에 의해 한글로 걸리게 된 것도 우연한 일이 아니다.

# 춘원 이광수가 피해 있었던 봉선사

현재의 건물들은 한국전쟁 이후 복원한 것들이지만, 봉선사에는 세조의 능을 수호하기 위한 왕실의 원찰답게 특별한 전각들이 많다.

판사관무헌判事官務軒도 그중 하나다. 세조의 위패를 모신 어실각御室閣이 생기면서 어실각을 관리하던 봉선사의 주지는 조선 왕실로부터 봉향판사奉香判事의 직위를 받았다. 판사관무헌은 역대 봉향판사였던 주지가 머물던 곳이라 하여 붙여진 이름이다. 또한, 이곳은 봉선사 관내에서 행패를 부리는 양반들의 기강을 잡는 기구이기도 했다 한다.

큰법당 동쪽에 있는 개건당開建堂은 봉선사를 새로 지은 공덕주 정희왕후, 중건 공덕주 계민 스님 등의 위패와 진영을 모시던 영각이다.

어실각은 지금의 지장전 자리에 있었는데, 현재는 '어실각' 편액만 지장전 건물에 걸려 있다.

1469년 봉선사를 새로 지을 때 주조한 봉선사 대종은 보물(제397호)로 지정돼 있다. 종에 새겨진 글은 명문이자 명필이다. 글씨는 허백당虛白堂 정난종(1433~1489)이 썼다. 문장은 시·문·서·화 사절四絶로 불리던 사숙재私淑齋 강희맹(1424~1483)의 작품이다.

봉선사는 최초의 한국 근대소설 『무정』으로 유명한 춘원春園 이광수(1892~

1950)와도 인연이 깊은 사찰이다. 친일 변절자로 낙인찍힌 춘원이 해방 후 어디론가 피신해야 할 처지에 놓이게 되는데, 당시 운허 스님의 도움으로 운허 스님이 머물던 봉선사에 입산하게 된다. 운허 스님은 춘원의 동갑내기 8촌 동생이다. 춘원은 운허 스님이 마련해 준 방[茶經香室]에서 『법화경』을 탐독하고 작품을 쓰며 반년 정도 머물렀다. 이런 인연으로 봉선사 경내에는 1975년 주요한 등의 제의로 건립된 '춘원이광수기념비'가 자리하고 있다.

춘원이 남긴 글이다. "내 삼종제(운허 스님)와 함께 노래와 고풍 한시를 짓는 내기를 했으나 언제나 내가 졌다. 그는 무엇에나 나보다 재주가 승하였다. 그러나 내가 그를 대할 때 제일 부러운 것은 꾸밈없이 쭉 펴진 천진난만한 성품이었다."

# 경남 양산 통도사 극락암
# 삼소굴

경봉鏡峰 정석靖錫(1892~1982). 우리나라 근대의 대표적 선승인 경봉 스님은 뛰어난 설법으로 양산 통도사의 부속 암자인 극락암을 전국에서 유명한 암자로 만들었다. 그는 1953년에 극락암의 호국선원護國禪院 조실祖室로 추대돼 전국에서 찾아오는 선승과 대중들에게 선문답과 설법으로 불법을 깨우치며 선풍禪風을 크게 일으킨 선사였다. 특히 1973년부터 입적한 해인 1982년까지 매월 연 정기 법회에는 전국에서 불자들이 구름처럼 몰려들었다.

그가 50년 동안 주석駐錫하며 선풍을 드날린 처소가 극락암의 조그마한 건물인 '삼소굴三笑窟'이다. '삼소굴'이라는 이름 역시 경봉 스님이 지었다.

## 삼소굴의 의미

삼소굴의 '삼소'는 세 사람이 웃는다는 의미로, '호계에서 세 사람이 웃는다[虎

우리나라 근대의 대표적 선사인 경봉 스님이 머물며 선풍을 드날렸던 삼소굴(三笑窟).
양산 통도사의 부속 암자인 극락암의 작은 건물로, 건물 이름은 경봉 스님이 지었다.

溪三笑].'는 말에서 따온 것이다. '호계삼소'는 유교·불교·도교의 진리가 그 근

본에서는 하나라는 것을 상징하는 이야기다. 중국 송나라 진성유陳聖兪가 지은

『여산기廬山記』에 나온다.

　동진東晉의 고승 혜원慧遠 스님(334~416)은 중국 정토교의 개조開祖로 알려져 있

다. 그는 처음에는 유학을 배웠고, 이어 도교에 심취했었다. 그러나 스무 살이

지난 뒤에는 승려가 되어 여산에 동림사東林寺를 지어 머물며 수행했다. 입산 후

그는 '그림자는 산을 나서지 않고, 발자취는 속세에 들이지 않는다[影不出山 跡不

조선 말기 화가 최북의 〈호계삼소도〉.
삼소굴의 '삼소'는 '호계삼소(虎溪三笑)'에서 나온 것이다.

入俗].'는 글귀를 걸어 두고, 다시는 산문을 나서지 않았다.

그런 혜원 스님은 찾아온 손님을 보낼 때는 언제나 사찰 아래에 있는 시내인 '호계'까지 가서 작별 인사를 했다. 호계를 건너가는 일은 없었던 것이다. 그런데 어느 때인가 유학자이고 시인인 도연명陶淵明(365~427)과 도사道士인 육수정陸修靜(406~477)을 배웅하며 서로 이야기를 나누다가 그 청담淸談에 빠져, 자신도 모르게 호계를 지나고 말았다. 그의 수행을 돕던 호랑이가 그것을 보고 울음소리를 내자 문득 이 사실을 안 세 사람은 서로 마주 보며 껄껄 웃음을 터뜨렸다.

세 사람의 생몰 연대로 보아 이 이야기가 역사적 사실은 아닐 것이나, 송나라 이후 시인 묵객들은 이를 소재로 시를 짓고 그림으로 그렸다. 그림은 '호계삼소도' 또는 '삼소도'라 불리는데, 송나라 화승 석각石恪이 처음 그린 이후 많은 화가가 다양한 호계삼소도를 그렸다. 장시 성 뤼산의 동림사에는 삼소당이 있다

'삼소굴' 편액. '팔능거사'로 전국에 명성을 날리던
대구의 서화가 석재 서병오의 글씨.

고 한다.

당나라 시인 이백은 이 이야기와 관련, <별동림사승別東林寺僧>이라는 시를
남기기도 했다.

"동림사에서 손님을 배웅하던 곳 東林送客處/ 달 뜨고 흰 원숭이 우네 月出白猿
啼./ 여산에서 멀리 나와 웃으며 헤어지니 笑別廬山遠/ 호계를 지남을 어찌 성가셔
하리 何煩過虎溪."

경봉 스님도 작은 집에 '삼소굴' 편액을 단 후 극락암을 벗어나지 않고 도를 지
키겠다는 마음을 먹었는지 모르겠다. 그리고 삼소할 지음知音을 만나길 기대했
는지도 모를 일이다.

삼소굴 편액은 서화가로 이름을 떨쳤던 대구의 석재石齋 서병오(1862~1936)의
글씨다. 석재는 '팔능거사八能居士'로 불리던 천재 예술가로, 중국과 일본을 주유
하면서 탁월한 시·서·화 실력으로 당대 문인과 서화가들로부터 극찬을 받았
던 인물이다.

극락암에는 석재의 글씨가 많이 남아 있다. 삼소굴 옆의 '원광재圓光齋' 편액도

극락암에 있는 석재의 글씨 편액 '영월루'와 '원광재'.

석재의 글씨다. '원광'은 경봉 스님의 또 다른 호다. 극락암 누각인 '영월루映月樓' 편액 글씨도 석재가 썼다. 석재와 경봉은 서로 교유했으며, 경봉은 석재에게 서예를 배우기도 했다.

"스무 해 전 통도사에서 二十年前通度寺/ 옥 같은 사람이 술 들고 글씨 받으러 왔는데 玉人携酒乞書來/ 가련하다 같이 병들어 서로 보기 어려우니 相憐同病難相見/ 사랑하는 회포를 풀 길이 없구나 懷抱無由得好開."

석재가 별세 두 해 전인 1934년에 남긴 이 작품 등을 감안할 때 석재는 통도사에 한 번 이상 들른 것으로 보인다. 극락암의 편액 글씨들은 1920년을 전후해 극락암에 들러 남긴 것으로 추정된다.

삼소굴 기둥에 걸린 주련 네 개는 경봉 스님의 오도송悟道頌(고승들이 부처의 도를 깨닫고 지은 시가)이다. 글씨는 회산晦山 박기돈(1873~1947)이 썼다.

"내가 나를 온갖 것에서 찾았는데 我是訪五物頭/ 눈앞에 바로 주인공이 나타났네 目前卽見主人樓./ 허허 이제 만나 의혹 없으니 呵呵逢着無疑惑/ 우담발화 꽃 빛이 온 누리에 흐르누나 優鉢花光法界流."

# 경봉 스님의 삶

'통도사 군자', '영축산 도인'으로 추앙받았던 경봉 스님. 밀양에서 태어나 7세 때부터『사서삼경』등 한학을 배운 경봉 스님은 15세 때 모친상을 당한 뒤 생사의 이치를 깨닫는 길을 걷고자 결심, 이듬해 양산 통도사로 출가했다. 24세 되던 해『화엄경』의 "종일토록 남의 보배를 세어도 반 푼어치의 이익이 없다[終日數他寶 自無半錢分]."라는 대목을 보고, 참선 공부에 매진하기 위해 통도사를 떠난다. 그 후 내원사, 해인사, 직지사 등의 선원에서 참선 수행에 전념하던 그는 1927년 12월 통도사 극락암에서 철야 정진하던 중 새벽에 방안의 촛불이 흔들리는 것은 보는 순간 깨달음을 얻는다. 이때 지은 오도송이 삼소굴 기둥에 걸린 주련 내용이다.

이후 통도사 주지 등을 역임하며 대중 포교와 후학 지도에 힘쓰다 1953년 극락암 호국선원 조실로 추대되고, 그 후 삼소굴에서 30년간 머물며 선풍을 드날린다. 82세 되던 1973년부터는 매월 첫째 일요일에 극락암에서 정기 법회를 열었는데, 매회 1천여 명의 대중이 참석했다. 그는 찾아오는 이들에게 "사바세계를 무대로 한바탕 연극을 멋지게 해보라."는 말을 즐겨 하곤 했다. 1982년 7월 17일 "스님, 가신 뒤에도 뵙고 싶습니다. 어떤 것이 스님의 참모습입니까."고 상좌 스님이 묻자 "야반삼경에 대문 빗장을 만져 보라."는 임종게를 남기고 입적했다.

그는 또한 1910년 1월부터 1976년 4월까지 중요한 일을 기록한 일지를 남겼고, 후에 이것은『삼소굴 일지』라는 이름으로 출간됐다. 이 일지는 선사들의 법

경봉 스님의 글씨 편액 '무진장.

담과 선시, 일상과 사찰 행사 등을 담고 있어 소중한 자료로 평가받고 있다.

경봉 스님은 글씨도 잘 쓰고 시도 잘 지었다. 한시와 더불어 수많은 편액과 주련 작품을 남겨 전국 곳곳의 사찰에서 그의 필적을 만날 수 있다.

극락암에도 물론 그의 글씨 편액이 많다. 다양한 서체로 쓴 '방장方丈', '무진장無盡藏', '설법전說法殿', '호국선원護國禪院', '여여문如如門', '정수보각正受寶閣' 등의 편액이 모두 그의 글씨다. 주련 글씨도 적지 않다.

# '팔능거사'로 불리던
## 시·서·화 삼절三絶 석재 서병오

석재 서병오는 대구 출신으로 타고난 자질이 뛰어나 어린 시절부터 탁월한 재능을 발휘, 주변 사람들의 놀라게 했다. 영남의 대표적 유학자인 허유, 곽종석 문하에서 유학을 공부했고, 글씨는 당대 명필로 이름난 서석지의 가르침을 받으며 연마했다.

그의 시·서·화 실력은 일찍부터 두각을 드러내 한양의 흥선대원군 이하응에게까지 그의 명성이 전해지고, 18세 때 흥선대원군의 초청으로 그의 거처인 운현궁을 드나들게 되면서 추사 김정희의 서화에도 영향을 받게 된다. 한양에서 그는 특출한 시·서·화 솜씨로 당대의 시인 묵객과 정치인들의 인기를 독차지하기도 했다. 그가 빠지게 되면 모임이나 행사를 연기할 정도였다.

시·서·화뿐만 아니라 바둑, 장기, 거문고, 의술, 언변까지 능해 '팔능거사八能居士'로 불리던 그에 대해, 춘원 이광수는 '희대의 천재'라며 찬탄을 아끼지 않았다.

중국 상하이上海에 가서 머물 때는 그곳에 망명 중이던 민영익과 친밀히 교유하면서, 그의 소개로 당시 상하이에서 활동하던 유명한 중국인 서화가 포화蒲華, 오창석吳昌碩 등과 가까이 접촉하며 많은 영향을 받았다.

중년 이후 두 차례의 중국 주유와 세 차례의 일본 외유를 통해 그의 서화 작품은 더욱 발전해, 그는 자신만의 개성이 두드러진 '석재죽石齋竹', '석재난石齋蘭'을 남기게 된다.

만년에는 대구에서 교남시서화연구회嶠南詩書畵硏究會를 설립(1922년), 후학들 지도하면서 전국의 유명 서화인들과 교류했다.

더 알아보는 현판 이야기

경북 영덕 난고 종택
# 만취헌

벼슬에서 물러난 선비들이 고향으로 돌아가 거처를 마련하면 대부분 그 당호堂號를 지었다. 당호에는 자신이 추구하는 삶의 방향이나 이상을 담았다. 그런 당호 중 대표적인 것이 만취당晚翠堂 또는 만취헌晚翠軒이다. 여기서 '만취'는 늦게까지 푸른, 겨울에도 변하지 않는 푸름을 뜻한다. 이는 늙어서도 자신의 뜻을 굽히지 않는 삶의 의지를 의미한다.

만취헌에 걸린 '해안만은' 편액.

송나라 초기 재상으로 노국공魯國公에 봉해진 범질范質은 조카인 범고가 자신을 천거해 주기를 바라자 그에게 경계하는 글을 지어 주었다. 그 내용 중 '더디게 자라는 시냇가의 소나무는 울창하게 늦게까지 푸름을 머금는다[遲遲澗畔松 鬱鬱含晚翠].'는 글귀에서 '만취'를 따온 것이다.

『소학』에도 이 글귀가 나오는데, 그 전후 내용은 다음과 같다.

"만물은 성하면 반드시 쇠하게 되고 物盛則必衰/ 융성함이 있으면 다시 쇠퇴함이 있나니, 有隆還有替/ 빨리 이룬 것은 견고하지 못하고 速成不堅牢/ 빨리 달리면 넘어질 때가 많은 것이다 亟走多顚躓.// 활짝 핀 정원의 꽃은 灼灼園中花/ 일찍 피면 도로 먼저 시든다 早發還先萎.// 더디게 자라는 시냇가의 소나무는 遲遲澗畔松/ 울창하게 늦게까지 푸름을 머금는다 鬱鬱含晚翠.// 타고난 운명은 빠르고 더딤이 정해져 있으니, 賦命有疾徐/ 입신출세를 사람의 힘으로 이루기는 어렵다 靑雲難力致.// 제군들에게 일러 말하노니 寄語謝諸郎/ 조급히 나아감은 부질없는 짓일 뿐이니라 躁進徒爲耳."

『천자문』에 나오는 "비파나무는 겨울에도 푸른 잎이 변하지 않지만, 오동나무는 그 잎이 일찍 시든다[批杷晚翠 梧桐早凋]."는 글귀에도 '만취'가 있다. 비슷한 의미를 담고 있다.

벼슬을 마치고 고향집(영덕군 영해면 원구리)으로 돌아가 별당을 지어 안에는 '만취헌'이란 편액을 걸고, 밖에는 늦게 해안으로 돌아와 은둔한다는 의미의 '해안만은海岸晚隱' 편액을 단 뒤 별세할 때까지 머문 영덕의 선비 만취헌 남노명南老明(1642~1721)의 삶을 어떠했을까?


## 남노명이 귀향해 만년을 보낸 '만취헌'

병조 좌랑 겸 춘추관 기사관으로 근무하던 남노명은 기사환국으로 어지럽던 중앙의 정치 상황에 환멸을 느끼고, 1693년 거창 부사로 자원해 부임한다. 오로지 민생 안정과 풍속 교화에 매진하며 선정을 베풀어 주민들의 칭송을 들은 그는 1698년 임기 5년을 마치고 고향으로 돌아온 뒤, 세상을 떠날 때까지 고향을 떠나지 않았다. 귀향한 그는 종택 본채 옆에 대청이 있는 건물을 지은 뒤 당호를 '만취헌'이라 이름 짓고, 그것을 자신의 호로도 삼았다.

당호 편액 글씨는 당대 명필인 성재省齋 이진휴(1657~1710)의 것을 받았다. 성재는 화엄사 '각황전'의 편액을 숙종의 명을 받아 쓴 장본인이기도 하다. 함경도 관찰사, 도승지, 안동 부사, 예조 참판 등을 역임한 그는 문신으로 특히 서예에

난고 종택 전경.

만취헌에 걸린 성재 이진휴 글씨 '만취헌' 편액.

뛰어났다. 성재는 『택리지』를 쓴 이중환의 아버지이기도 하다.

남노명은 예조 판서를 지낸 목임일과 생원시 합격 동기생인 인연으로 친하게 지냈는데, 목임일이 자신의 사돈(이중환이 목임일의 사위)인 성재에게 '만취헌' 편액 글씨를 써 주도록 주선한 것이다. 장중하고 반듯한 성재의 글씨는 당시 선비들이 선호했던 것 같다.

남노명은 때로는 들에 나가 농사일을 거들고, 고향 어른과 친구들을 만취헌으로 초대해 막걸리와 화전을 안주로 삼아 즐거운 시간을 보내기도 했다. 한가할 때는 도연명의 「귀거래사歸去來辭」와 사마광의 「독락원기獨樂園記」를 수시로 암송하면서 자득自得의 경지를 누리며 보냈다.

만취헌은 이렇게 자신의 호와 같은 이름의 거처에서 80세까지 살다 세상을 하직했다.

「만취헌중수기」는 "공(남노명)은 손수 한 그루의 소나무나 잣나무를 심은 적이 없었는데도 뜻과 흥을 붙이고 의탁한 것이 바로 남산의 소나무와 북산의 잣나무였던 것은 무엇 때문인가. … 추위가 심한 겨울도 두려워하지 않고 눈과 서리를 겪을수록 더욱 굳세지는 것은 유독 소나무와 잣나무만이 감당할 수 있어서가 아니겠는가. 공의 의도는 이것을 취한 것이리라. 세상에 분을 발라 윤이 나게 하고 현혹시켜 눈을 기쁘게 하는 것은 일체가 아름다운 꽃이 아침에 피었다가 저녁에 지는 것과 같지만, 소나무는 100년, 200년 오래 살아 굵은 것은 동량이 되고 가는 것은 서까래가 되니 공의 의도는 이것을 사모한 것이 아니겠는가."고 적고 있다.

난고(남경훈) 종택의 안채는 난고의 아들 안분당安分堂 남길이 지었고, 만취헌을 지은 남노명은 난고의 증손자이다. 한편 남노명 집안은 보기 드물게 15대 350여 년 동안 이어 오며 열다섯 명의 종손들이 남긴 문집을 모은 『영산가학英山家學』을 전하고 있어 눈길을 끈다.

현재 만취헌 건물 처마에는 또 다른 '만취헌' 편액이 걸려 있는데, 당대 대구의 대표적 서예가인 회산晦山 박기돈朴基敦(1873~1948)의 글씨다. 남노명 가문 후손으로, 회산의 친구인 남효구가 부탁해 받았다. 그 옆의 '해안만은' 편액은 항일운동가이자 글씨로도 유명했던 송홍래(1866~1953)의 글씨다.

회산 박기돈 글씨 '만취헌' 편액.

## 남노명이 만취헌에서 수시로 암송했던 「귀거래사」와 「독락원기」

남노명이 수시로 암송하던 「귀거래사」와 「독락원기」는 어떤 내용일까.

「귀거래사」는 동진東晉의 도연명(365~427)이 405년, 최후의 관직인 팽택현彭澤縣의 지사知事 자리를 버리고 고향인 시골로 돌아오는 심경을 읊은 시다.

제1장은 관리 생활을 그만두고 전원으로 돌아가는 심경을 정신 해방으로 간주하여 읊었고, 제2장은 그리운 고향 집에 도착해 자녀들의 영접을 받는 기쁨을 그렸다. 제3장은 세속과의 절연 선언絶緣宣言을 포함, 전원생활의 즐거움을 담았다. 제4장은 전원 속에서 자연의 섭리에 따라 목숨이 다할 때까지 살아가겠다는 뜻을 담고 있다.

제3장과 제4장을 읽어 본다.

"돌아가자 歸去來兮. / 사귐도 어울림도 이젠 모두 끊으리라 請息交以絶遊. / 세상과 나는 어긋나기만 하니 世與我而相違/ 다시 수레를 몰고 나간들 무엇을 얻겠는가 復駕言兮焉求. / 이웃 친척들과 기쁘게 이야기 나누고 悅親戚之情話/ 거문고와 글 즐기니 근심은 사라진다 樂琴書以消憂. / 농부들 나에게 봄이 왔음을 알려주니 農人告余以春及/ 서쪽 밭에 나가 할 일이 생겼다 將有事於西疇. / 때로는 천막 친 수레를 몰고 或命巾車/ 때로는 외로운 배 노를 젓는다 或棹孤舟. / 깊고 굽이진 골짝도 찾아가고 旣窈窕以尋壑/ 험한 산길 가파른 언덕길 오르기도 한다 亦崎嶇而經丘. / 물 오른 나무들 싱싱하게 자라고 木欣欣以向榮/ 샘물은 퐁퐁 솟아 졸졸 흘러내린다 泉涓涓而始流. / 만물은 제철 만나 신명이 났건마는 善萬物之得時/ 나의 삶은 점점 저물어감을 느끼네 感吾生之行休. // 아서라 已矣乎. / 세상에 이 몸 얼마나 머무를 수 있으리오 寓形宇內復幾時. / 가고 머묾은 내 마음대로 되는 것이 아닌데 曷不委心任去留/ 무엇 위해 어디로 그리 서둘러 가려는가 胡爲乎遑遑欲何之. / 부귀영화는 내 바라는 바 아니었고 富貴非吾願/ 신선 사는 곳도 기약할 수 없는 일 帝鄕不可期. / 좋은 날씨 바라며 홀로 나서서 懷良辰以孤往/ 지팡이 세워두고 김을 매기도 한다 或植杖

而耘耔./ 동쪽 언덕에 올라 길게 휘파람 불어 보고 登東皐以舒嘯/ 맑은 시냇가에 앉아 시도 지어 본다 臨淸流而賦詩./ 이렇게 자연을 따르다 끝내 돌아갈 것인데 聊乘化以歸盡/ 천명을 즐겼거늘 다시 무엇을 의심하리 樂夫天命復奚疑."

「독락원기」는 북송의 사마광(1019~1086)이 만년에 벼슬에서 물러나 고향에 은거하며 정원 '독락원'을 마련한 뒤 지었다. 세속을 초탈한 고상한 뜻을 품고 있어 후세의 많은 선비들이 그 뜻을 따르고자 했다.

「독락원기」는 도입부인 전사前辭(정원의 구성과 독서당, 조어암 등을 설명)와 본문격인 후사後辭로 구성돼 있다. 후사의 일부를 소개한다.

"세상 물정에 어두운 늙은이인 나는 평소 대부분 독서당에서 책을 읽는데, 위로는 성인을 스승으로 삼고 아래로는 여러 현인들을 벗으로 삼아, 인仁과 의義의 근원을 따져 보고 예禮와 악樂의 단서를 탐구한다. … 정신이 고단하고 몸이 피곤하면 낚싯대를 드리워 물고기를 낚기도 하고, 소맷자락을 걷어 올리고 약초를 캐기도 하며, 도랑을 파서 꽃에 물을 대기도 하고, 도끼를 가져다 대나무를 쪼개다가 뜨거운 물로 손을 씻으며 높은 곳에 올라 저 멀리 볼 수 있는 데까지 보면서 이리저리 어슬렁거리며 생각대로 거닌다. 밝은 달은 때맞추어 떠오르고 시원한 바람을 절로 불어오니, 간다고 붙잡아 끄는 것도 아니고 머문다고 그치는 것도 아니며, 귀와 눈과 폐와 창자가 모두 자신을 위해 존재하는 것이니, 혼자이면서 자유자재로다. 하늘과 땅 사이에 다시 어떤 즐거움으로 이런 것을 대신할 수 있을지 모르겠다. 이에 이런 아름다운 경치와 감상을 합해 명명했으니 독락원獨樂園이라 한다."

# 많은 선비들이 당호나 아호로 사용한 '만취'

'만취'를 당호 또는 자신의 호로 사용한 경우가 적지 않다. 영천시 금호읍 오계리에 있는 창녕 조씨 고택인 만취당도 그중 하나다. 조선 정조 때 전라도 병마절도사를 지낸 만취당 조학신(1732~1800)이 입향入鄕해 마련한 거처로, '만취당'은 사랑채 당호이기도 하고 그의 호이기도 하다. 이 고택 옆에 입향하면서 그가 조성한 소나무 숲인 '오계숲'도 유명하다.

사랑채인 만취당 마루에 '만취당' 편액이 걸려 있는데, 글씨는 해사海士 김성근 金聲根(1835~1919)의 것이다. 해사는 조선 말기 문신으로, 서예가로도 이름이 높았다. 편액에는 '칠십칠옹 해사七十七翁 海士'라는 낙관 글씨가 함께 새겨져 있다.

만취당 조학신(1732~1800)이 지어
거처한 만취당.(영천시 금호읍 오계리)

대청에 걸린 '만취당' 편액.
편액 글씨는 해사 김성근이 79세 때 썼다.

영주시 이산면 신암리에도 '만취당'이라는 이름의 정자가 있다. 조선 중기 문신인 김개국金蓋國(1548~1603)이 세운 정자다. 만취당은 김개국의 호이기도 하다.

의성군 점곡면 사촌리에는 '만취당'이라는 대청 건물이 있다. 퇴계 이황의 제자인 만취당 김사원(1539~1601)이 학문을 닦고 후진을 양성하기 위해 1582년에 세웠다. 정면 네 칸, 측면 두 칸의 큰 건물로 사가私家의 목조건물로는 가장 오래된 것으로 꼽는다. '만취당' 편액은 석봉 한호의 글씨다. 행주대첩의 주인공인 권율(1537~1599) 도원수의 호도 '만취당'이다.

# 대구 달성
## 삼가헌

고택이나 옛 정자 중 유달리 당대 명필들의 현판들이 많은 곳이 있다. 그런 데는 이유가 있을 것이다. 특히 그곳과 멀리 떨어진 지역에 살던 서예가의 필적이 있는 경우 그 사연이 궁금해진다. 건물 주인의 학덕이 우뚝하게 높아 당대의 많은 선비들이 존경했을지도 모른다. 혹은 건물 주인이 학덕이 크게 높지 않더라도 성품이 사람을 좋아하고 서화를 좋아하는데다 경제력이 있어 서예가나 예술가 등을 초청해 즐기던 인물이었을 것이다. 아니면 글씨를 남긴 인물과 특별한 인연이 있었을 것이다.

추사 김정희와 함께 당대의 명필로 통한, 창암蒼巖 이삼만(1770~1847)의 휘호 편액이 대구 달성의 순천 박씨 집성촌 고택, 즉 사육신 중 한 사람인 박팽년(1417~1456) 후손 고택인 '삼가헌三可軒'에 걸려 있다는 사실을 알고 그 연유가 궁금했다. 창암은 정읍과 전주에서 주로 활동했던 서예가이기 때문에, 그의 글씨 편액을 대구·경북지역에서 접하기란 쉽지 않다.

# 선비가 갖추어야 할 세 가지 덕목을 담은
## '삼가헌'

대구 낙동강 부근에 있는 삼가헌(대구시 달성군 하빈면 묘리)은 사육신 중 한 사람인 박팽년의 후손들이 대를 이어 살아온 고택으로, 대구의 대표적 고택 중 하나다.

조선 시대 세종과 문종 때의 집현전 학자로 임금의 총애를 한몸에 받았고, 어린 단종의 왕위를 빼앗은 수양대군에 맞서 파란만장한 삶을 살았던 취금헌醉琴軒 박팽년(1417~1456). 그가 반역죄로 멸문지화를 당할 때 그의 둘째 아들 박순의 아내 성주 이씨도 관비가 되었는데, 당시 성주 이씨는 임신 중이었다. 법률에 따라 아들이 태어나면 죽임을 당하고, 딸이 태어나면 노비가 될 운명이었다. 해산을 하니 아들이었다. 그 무렵 딸을 낳은 여종이 있어서 아기를 바꾸어 키움으로써 그 아이는 목숨을 보존할 수 있었고, 박팽년의 핏줄도 이어질 수 있었다.

아이는 외조부에 의해 '박비朴婢'라는 이름으로 양육되고, 성종 때 사육신에 대한 면죄가 이뤄지자 박비도 그 과정에서 자수해 사면을 받게 되었다. 사면을 받은 박비는 외가의 재산을 물려받아 달성군 하빈면 묘골(묘리)에 정착, 대를 이어 살아가게 되었다. 이후 박비는 박일산朴壹珊으로 이름을 고쳤다. 그가 할아버지 박팽년을 기리는 사당을 세운 것이 오늘날 육신사六臣祠의 발단이다.

이 묘골에 살던, 박팽년의 11대손으로 이조 참판을 지낸 삼가헌 박성수朴聖洙 (1735~1810)가 1769년 마을에서 조금 떨어진 곳에 초가를 짓고, 자신의 호인 '삼가헌'을 당호로 삼았다. 그 후 박성수의 아들 박광석이 1809년 초가를 헐고 안채를 지었고, 1826년 사랑채를 지었다.

삼가헌에 걸린 '삼가헌(三可軒)' 편액은 당대 명필 창암 이삼만의 글씨다. '삼가헌'은 삼가헌을 창건한 박성수의 호이기도 하다.

지금도 삼가헌의 사랑채 마루 위에 편안하면서도 기품이 있는 글씨의 '삼가헌 三可軒'이라는 편액이 걸려 있다. 창암 이삼만의 글씨인 이 편액이 건물의 품격을 훨씬 더 높여 주고 있다.

창암의 글씨 편액이 이곳에 걸린 연유가 무엇일까? 삼가헌 박성수가 서울에서 벼슬을 할 때 당시 명필로 알려진 창암의 글씨를 좋아해 지인을 통해 글씨를 청탁해 받았을 수도 있을 것이다. 또한, 박성수가 삼가헌에 머물 때 많은 선비와 서예가들이 오고 갔을 것이고, 창암도 삼가헌에 한번 들렀다가 휘호했을지도 모른다. 삼가헌에 살고 있는, 박팽년 후손 박도덕 씨와 나눈 이야기다. 창암의 생몰 연대로 보아 박광석이 사랑채를 새로 지은 후 창암 글씨를 받아 편액을 달았을 지도 모르겠다.

'삼가헌'이란 당호는 '중용中庸'의 다음 글귀에서 따온 것이다. "공자가 이르기를 천하의 국가도 고루 다스릴 수도 있고, 관직과 녹봉도 사양할 수 있으며, 시퍼런 칼날을 밟을 수도 있지만, 중용은 불가능하다[天下國家可均也, 爵祿可辭也, 白刃 可蹈也, 中庸不可能也]." 여기서 유래한 '삼가三可'는 선비가 갖추어야 할 세 가지 덕목(知, 仁, 勇)을 뜻한다.

사랑채인 삼가헌(고택 전체를 삼가헌이라고도 함.) 옆에는 1874년 박광석의 손자 박규현이 서당으로 사용하던 건물에 누마루를 부설하고 그 앞에 연못을 만들어 '하엽정荷葉亭'이라 명명한 별당이 자리하고 있다.

# 창암 이삼만의 삶

창암 이삼만은 생존 당시 추사 김정희(1786~1856), 눌인 조광진(1772~1840)과 함께 19세기 조선의 대표적 명필로 손꼽혔다. 이들보다 두 세대쯤 전에는 원교 이광사(1705~1777)가 최고 명필로 통했다. 원교의 동국진체東國眞體를 이은 창암 은 가난한 집안에서 어릴 때부터 오로지 글씨에 뜻을 두고 수련을 거듭, 마침내 일가를 이룬 서예가다.

그는 벼루 세 개가 닳아 없어질 정도로 먹을 갈아 하루에 1천 자씩 쓰고, 베를 빨아 글씨 쓰기를 반복했다. 이런 혹독한 수련 끝에 필력을 얻고, 인생 후반에는 그 필력으로 생계를 꾸려 나가는 직업 서예가로 살았다. 그는 자신인 남긴 글에 서 신라의 명필 김생과 조선 중기의 원교 이광사를 사숙私淑했다고 밝히고 있다.

추사가 청나라 선진 문물을 수용하고 우리나라에 뿌리내리게 하려 했던 개혁 적인 유학파遊學派였다면, 창암은 혹독한 자기 수련과 공부로 조선의 고유색을 풀어낸 국내파였다. 그는 동국진체를 완성하고 창암체를 개발, 자신만의 필법 을 구축했다. 50세경에 '규환'이라는 이름을 스스로 '삼만'으로 바꾸었다 한다. '삼만三晚'은 집이 가난해 글공부를 늦게 하고, 벗을 사귀는 것이 늦어 사회 진출 이 늦었고, 장가를 늦게 들어 자손이 늦었다는, '인생에서 중요한 세 가지가 늦 었다.'는 의미다. 그의 글씨체는 '유수체流水體'로도 불린다.

1840년 가을, 55세인 추사가 제주도 귀양길에 전주를 지나게 되면서 한벽루 에서 창암과 만나게 된다. 창암에 대한 소문을 들은 추사가 정중히 예를 갖춰 하필下筆을 청하니 창암은 "붓을 잡은 지 30년이 되었으나 자획을 알지 못한다[操筆三十年 不知字劃]."며 겸손하게 사양했다. 추사가 다시 간곡히 청하자 '강물이 푸르니 새 더욱 희고 江碧鳥愈白/ 산이 푸르니 꽃은 더욱 붉어라 山靑花欲燃/ 이 봄 또 객지에서 보내니 今春看又過/ 어느 날에나 고향에 돌아가리 何日是歸年.'라는 시 구절을 일필휘지했다. 추사는 이를 보자 "과연 소문대로이십니다[名不虛傳]."며 감탄했다. 이 이야기와 달리 창암의 글씨를 얕보며 면박을 주었다는 설도 있고, 이 때 만나지 않았다는 설도 있다.

어떻든 추사는 9년간의 제주도 귀양을 마치고 서울로 가던 길에 전주에 들러 창암을 찾아보고자 했으나 이미 고인이 된 뒤였다. 그래서 그 애석함을 달래며 '명필창암완산이공삼만지묘 名筆蒼巖完山李公三晩之墓'라는 묘비 글씨를 써 주었다고 한다. 이 비석은 완주군 구이면 창암 묘소 앞에 지금도 서 있다.

창암 이삼만의 글씨 편액인 지리산 천은사의
'보제루(普濟樓)'와 '회승당(會僧堂)'.

창암은 전북 정읍 출신으로 정읍과 전주를 주무대로 활동했던 서예가였던 만큼, 그의 글씨 편액도 주로 전라도 지역에 많이 남아 있다. 그의 대표적 편액 글씨로 구례 천은사에 남긴 '보제루普濟樓'와 '회승당會僧堂', 해남 대흥사의 '가허루駕虛樓', 승주 선암사의 '임지관월臨池觀月', 구례 화엄사 '삼전三殿', 곡성 태안사 '배알문拜謁門', 밀양 표충사 '법해당法海堂', 강화 전등사 '원통각圓通閣', 공주 동학사 '동학사東鶴寺', 금산 보석사 '대웅전大雄殿', 순천 송광사 '육감정六鑑亭' 등을 꼽을 수 있다.

  이와 함께 대구(동구 미대동)에는, 조선 인조 때의 선비인 양전헌兩傳軒 채명보(1574~1644)가 정자를 지어 학문을 닦던 곳에 후손들이 그의 덕행을 기려 건립한 성재서당이 있는데, 강당 마루에 창암의 글씨 편액 '성재서숙盛才書塾'이 걸려 있어 그 연유 역시 궁금하게 한다.

창암의 글씨 편액 '성재서숙'.

# 육신사 태고정의 '일시루'는 안평대군 글씨

대구시 달성군 하빈면 묘리는 박팽년의 자손들이 정착해 살아온 순천 박씨 집성촌이다. 이 마을 뒤쪽 산기슭에 사육신인 박팽년朴彭年과 성삼문成三問, 하위지河緯地, 이개李塏, 유성원柳誠源, 유응부兪應浮의 위패를 봉안해 기리는 사당인 육신사六臣祠가 있다. 박팽년 후손에 의해 박팽년만 배향되다가, 나중에 박팽년의 현손玄孫 박계창이 박팽년의 기일에 여섯 어른이 사당 문 밖에서 서성거리는 꿈을 꾼 후 나머지 5위도 함께 모셔 기리게 되었다.

육신사 태고정에 걸린 '태고정' 편액. 한석봉 글씨로 전한다. 아래는 육신사(대구시 달성군 하빈면 묘리) 태고정에 걸려 있던 편액 '일시루(一是樓)'. 안평대군 글씨로 전하고 있으며, 이 원본 편액은 사육신 기념관에 전시돼 있다.

이 육신사 경내에 보물 제554호인 태고정太古亭이 자리하고 있다. 이 정자는 박팽년의 유복손遺腹孫인 박일산이 1479년에 창건한 건물이다. 창건 당시에는 아흔아홉 칸 종택에 딸린 별당 건물이었는데, 임진왜란 때 소실돼 사당과 태고정 일부만 남아 있던 것을 1614년에 후손들이 중건했다.

태고정에는 '태고정' 편액이 처마와 마루 안에 두 개가 걸려 있다. 마루에 있는 것은 석봉 한호 글씨다. 처마에 걸린 것은 박팽년 후손 글씨다.

'태고정' 현판 옆에는 '일시루一是樓'라는 현판이 나란히 걸려 있다. '모든 것은 본시 하나다.', '옳은 것은 오직 하나 뿐이다.'는 의미로 해석된다. 이 편액에는 '비해당匪懈堂'이라는 낙관 글씨가 있는데, 이는 안평대군(1418~1453) 아호다. 그래서 안평대군이 쓴 글씨라고 전하지만, 안평대군은 이 집이 건립되기 전인 1453년 계유정난으로 사사되었다. 시기적으로 맞지 않는데, 생존 당시에 받았던 글씨인지 모르겠다.

# 서울
# 숭례문

조선 시대 한양 도성都城의 남쪽 문이자 정문 역할을 했던, 국보 제1호인 서울 숭례문崇禮門. 2008년 2월에 방화로 문루門樓 대부분이 타 버렸고, 이후 5년 이상 걸린 복구 사업을 통해 2013년 5월에 복원됐다. 화재를 면하거나 피해가 크지 않은 기존 부재를 최대한 사용해 문루를 복구하고, 일제에 의해 제거된 양측의 성곽 일부도 복원해 마무리했다.

600여 년의 역사를 간직한 숭례문의 문루는 불과 여섯 시간 만에 잿더미로 변해 버렸지만, '숭례문' 현판은 화마를 피해 수습될 수 있었다. 이때 구출된 현판은 1년 5개월에 걸쳐 복원됐고, 숭례문이 복원 공사가 마무리된 후 제자리에 걸리게 되었다. 이로써 현판은 문루를 받치고 있는 석축 일부와 함께 가장 오랜 역사를 간직하고 있는 문화유산으로 남게 되었다. 다행한 일이 아닐 수 없다.

화재 때 수습한 편액을 복원하기 위해 해체·분석한 결과, 앞판은 서른여덟 개의 크고 작은 조각으로 나뉘어 있었다. 뒤판은 앞판을 고정하고 보강하기 위해 열다섯 개의 판재를 가로로 잇대어 붙여 놓은 것을 확인할 수 있었다. 원래 한 개

2008년 화재 후 다시 복원된 숭례문 전경. 조급한 복원으로 단청이 벗겨지고 기둥이 갈라지는 등으로 부실 복원 논란을 빚었다.

의 판으로 되어 있던 앞판이 조각난 것은 한국전쟁 당시 포탄 파편 등으로 훼손된 것을 나무판으로 땜질을 한 탓이다. 이번에 복원할 때, 화재 당시 땅바닥에 떨어지면서 조각이 많이 난 테두리는 새 나무판을 사용했다.

그리고 서울 지덕사至德祠(양녕대군 사당)에 소장된, 150년 전의 '숭례문崇禮門' 현판 탁본 자료 등을 토대로 '숭례문' 글씨 원형을 확인, 한국전쟁 후에 보수되면서 일부 변형된 '숭'자와 '예'자의 부분을 바로잡았다. 이렇게 해 600여 년의 역사를 다시 이어 가게 됐다.

## '숭례문' 글씨 주인공은 누구일까

조선의 명필 추사秋史 김정희(1786~1856)는 자택이 있던 과천에서 한양으로 올라가는 날이면 꼭 숭례문 앞을 찾았다. 숭례문 현판 글씨를 보기 위해서였다. 추사는 '숭례문' 석 자를 바라보고 또 바라보며 시간 가는 줄 모르고 감탄했다고 한다. '숭례문' 글씨는 이처럼 조선 최고의 명필인 추사도 감탄할 정도로 힘이 넘치고 멋진 작품으로 평가되고 있다.

화재 때 구해낸, 귀퉁이가 부서진 상태의 '숭례문' 현판.

이런 현판 글씨의 주인공이 누구인지에 대해서는 설이 많다. 글씨를 쓴 사람의 낙관이 없고 실록 등에도 정확한 기록이 남아 있지 않기 때문에 오랜 논쟁거리로 남아있다.

유력한 설 중의 하나가 태종의 장남이며 세종의 맏형인 양녕대군 이제(1394~1462)가 썼다는 것이다. 양녕대군은 태종의 명을 받아 경복궁 '경회루' 현판 글씨를 썼을 만큼 필력을 인정받았다. 1530년에 편찬된 『신증동국여지승람』은 "(경성의) 정남쪽 문을 숭례문이라 하는데, 겹처마로 되어 있다. 양녕대군이 현판 글씨를 썼으며, 민간에서는 남대문이라 부른다."고 적고 있다. 그리고 1614년에 간행된 이수광의 『지봉유설』에도 이 내용이 그대로 실리면서 널리 퍼진 것으로 보인다.

1871년에 쓴 이유원(1814~1888)의 「임하일기林下筆記」에서는 "숭례문 현판은 양녕대군의 글씨라고 세상에 전하는데, 이것은 『지봉유설』에서 나온 말이다."고 하면서 "연전에 남대문을 중수할 때 양녕대군의 사손祀孫인 이승보李承輔 대감이 윤성진尹成鎭 대감과 함께 문루에 올라가 판각에 개색한 것을 보았더니, 후판대서後板大書는 공조 판서 류진동柳辰소의 글씨였다고 한다. 아마 이것은 옛날 화재가 난 뒤에 다시 쓴 것이 아닌가 싶다."고 기록했다. 양녕대군 설을 부인한 것이다.

그러나 1962년 숭례문을 해체 복원하면서 편액을 살핀 결과 '후판대서' 등의 흔적이 없어, 신빙성이 별로 없는 것으로 평가되었다.

한편 추사는 한 서간에서 "숭례문 편액은 신장申檣의 글씨인데 깊이 뼛속까지 들어갔고…"라고 적고 있다. 간찰에 적은 글이긴 하지만 고증학의 대가이기도 한 추사가 아무런 근거 없이 기존의 설을 버리고 신장의 글씨라고는 하지 않았을 것이다. 그러나 그 근거가 확인된 것은 아니다. 당대의 명필 암헌巖軒 신장 (1382~1433)은 조선 초기 문신인 신숙주의 아버지다.

숭례문은 1396년에 입주상량立柱上樑(기둥을 세우고 마룻대를 올림)이 이뤄지고 1398년에 완공되었으니, 늦어도 1398년에 편액이 걸렸을 것이다. 그러므로 양녕대군이나 신장의 글씨라고 하더라도, 최초의 편액 글씨를 쓴 주인공은 아닐 것이다.

이밖에 이규경(1788~?)은 『오주연문장전산고』에서 "숭례문 편액은 정난종이 쓴 것이다."고 적고 있다. 이조 판서, 호조 판서 등을 지낸 허백당虛白堂 정난종 (1433~1489)은 서예에 일가를 이루어 초서·예서를 특히 잘 썼다. 촉체蜀體에도 뛰어났다.

## 세로 현판인 이유

숭례문 현판은 소나무로 만들어졌다. 글씨는
양각으로 돋을새김해 백분白粉을 칠하고 바닥
은 흑칠을 했다. 테두리는 단청으로 장식했다.
조선 시대 궁궐 현판의 전형적인 제작 방식이다.
그런데 현판 대부분이 가로글씨인 것과 달리 숭
례문은 세로로 쓰여 있다. 그 이유로 관악산 화
기설火氣說이 가장 유력하다.

화재 때 구해낸 현판을 토대로
새로 복원해 건 '숭례문' 현판.

조선 태조 이성계가 한양으로 도성을 옮기기
로 정한 뒤, 백악북악산을 주산主山으로 하고
경복궁을 남향으로 앉히려다 보니, 한양의 조
산朝山인 관악산이 정면으로 마주했다. 그런데 관악산은 마치 그 모양이 불꽃이
타오르는 형상이라, 예로부터 '화산火山' 또는 '화형산火形山'이라 불리었다. 풍수
가들은 여기서 뿜어 나오는 강한 화기가 궁을 범한다고 보고 그 방책을 강구했
다. 풍수에서 화기는 물로 다스릴 수 있다고 하지만, 관악산의 화기는 너무 강
해 한강이 막기에는 역부족이라고 보았다.

그래서 큰 문을 정남쪽에 세워 화기와 정면으로 대응해 막게 했다. 그리고 문
의 현판 이름도 화기를 누르라는 의미로 '숭례문'으로 하고, 현판도 세로로 제작
해 달았다. 물이 높은 데서 낮은 데로 흐르므로, 세로 현판은 물의 기운을 가진

것으로 보기 때문이다.

그리고 '숭례문'은 원래 '예를 숭상하는 문'이란 뜻이지만 '예'자가 오행으로 불에 해당하고, 또한 마치 불꽃이 타오르는 듯한 '숭'자와 더불어 세로로 달게 함으로써, 불을 불로 다스린다는 '이화치화以火治火'의 방책을 썼다는 해설도 있다.

'숭례문' 이름은 삼봉三峰 정도전(1342~1398)이 지었다. 조선 개국공신 정도전은 유교적 이상 사회를 꿈꾸며 궁궐이나 전각 이름, 거리의 이름을 손수 지었다. 그는 1395년 도성 축조 책임자가 되어 북악산, 남산, 인왕산 등을 잇는 성벽을 쌓고, 성곽의 사대문 등을 건설하면서 유교 핵심 덕목인 오상五常, 즉 인仁·의義·예禮·지智·신信을 담았다. 동대문은 '흥인지문興仁之門', 서대문은 '돈의문敦義門', 남대문은 '숭례문', 북문은 '홍지문弘智門'이라 이름 지었다. 동대문의 경우 '흥인문'이라 하지 않고 '지'자를 넣어 '흥인지문'이라 한 것은 문 앞의 평평한 땅의 기운을 보강하기 위한 것이라 한다. 그리고 중앙의 누각 이름을 '보신각普信閣'이라 한 것이다.

# "숭례문 현판을 확보하라"

2008년 2월 10일 일어난 숭례문 방화로 서울의 숭례문이 전소했다. 화재는 2월 10일 20시 40분쯤에 발생, 다음날인 2월 11일 0시 40분경 숭례문의 누각 2층 지붕이 붕괴했다. 이어 1층에도 불이 붙어 화재 다섯 시간 만인 1시 54분, 석축을 제외한 건물이 모두 붕괴했다.

10일 밤 11시쯤, 숭례문 화재 현장에서 진화 작업을 벌이던 소방대원에게 특명이 떨어졌다. 숭례문 현판을 구하라는 것이다.

10일 밤 10시 40분께 2층 누각 현판 부근에서 너비 5~6미터의 불기둥이 치솟기 시작했다. 이젠 '어느 정도의 피해'는 고사하고 전소를 막는 것이 유일한 희망으로 바뀌었다. 그리고 20여 분이 흘렀다. 불은 점차 거세졌다. 국보 제1호의 골격을 지키는 것조차 위태로워졌다.

무엇보다 급박한 것은 '숭례문' 현판을 화마로부터 피신시키는 일이었다. 현판 부근에서 불기둥이 치솟아 자칫하면 추사 김정희도 탄복했다는 '숭례문' 현판이 한줌 재로 사라질 위기였기 때문이다. 문화재청에서도 '현판이라도 살려야 한다.'고 마지막 의견을 냈다.

11시쯤 긴급 명령이 떨어졌다. '숭례문 현판을 확보하라.'

명령을 받은 두 소방대원이 고가 사다리를 이용, 현판 쪽으로 접근했다. 짙은

연기 너머로 성난 화마가 붉은 혀를 널름거리는 위험한 상황 속에서 소방대원이 톱으로 현판을 떼어 내기 시작했다. 10분여의 톱질 끝에 현판이 땅으로 떨어졌다. 땅에 떨어진 현판은 곧장 여섯 명의 전경에 의해 안전한 곳으로 옮겨졌다.

현판이 떨어진 뒤 얼마 지나지 않아 2층 누각 기와가 무너지기 시작했다. 사방에서 "대피하라."는 소리가 터졌다. 접근해 있던 소방대원에게도 철수 지시가 내려졌다. 그리고 얼마 지나지 않아 숭례문은 2층 귀퉁이부터 무너지면서 전소했다.

이렇게 해서 비록 현판의 귀퉁이 일부가 부서졌지만, '숭례문' 글자가 쓰인 부분은 살렸다. 덕분에 현판을 다시 복원, 600년의 역사를 이어갈 수 있게 되었다.

# 경북 안동 농암 종택
# 애일당

조선 중기 때 문신이며 여러 문학작품으로도 유명한 농암龔巖 이현보(1467~1555). 〈어부가漁夫歌〉, 〈효빈가效嚬歌〉, 〈농암가〉 등을 남긴 그는, 조선 시대에 자연을 노래한 대표적인 문인으로, 국문학 역사에서 강호시조江湖時調 작가로 중요한 자리를 차지하고 있다.

안동시 도산면 가송리 낙동강 변에 가면 그의 다양한 유적들을 만날 수 있다. 근래 그의 후손이 터를 잡아 곳곳에 있던 것을 이전하고 복원한 유적들이다. 농암 종택을 비롯해 그를 기리는 분강서원, 애일당, 농암 신도비, '농암' 각자 바위 등이 몰려 있다.

농암은 각별한 효행으로도 유명한데, 그 효행의 정신이 담긴 유적이 바로 '애일당愛日堂'이다.

농암 이현보가 연로한 부모에게 효도하기 위해 특별히 지은 애일당.
'애일(愛日)'은 노부모의 늙어감을 아쉬워하여 하루하루를 아끼며 효도하겠다는 뜻을 담고 있다.

# 70대 노인이 부모 앞에서
## 때때옷 입고 춤추며 효도하던 애일당

애일당은 농암이 1512년 연로한 부모에게 효도하기 위해 특별히 지은 건물이다. '애일'은 늙은 부모를 모실 수 있는 시간이 부족하므로 하루하루를 아끼며 효도를 하겠다는 의미를 지니고 있다. 애일당을 짓게 된 경위에 대해서는 농암의 「애일당중신기愛日堂重新記」(1548년)에 잘 나와 있다.

"애일당은 집 동쪽 영지산靈芝山 기슭의 높은 바위 위에 있었다. 1508년 가을, 내가 어버이 봉양을 위해 외직外職을 요청해 겨우 영천으로 부임하게 되었다. 영천은 고향과 불과 사흘 거리인데, 늘상 공무로 바쁘면서도 부모님을 찾아뵈지 않은 달이 없었다. 그런데 그때마다 유감스러운 것은 고향 처소가 협소하여 어버이를 즐겁게 해드릴 만한 장소가 없다는 점이었다. 그러다가 1512년, 마침내 바위 위에 집을 지었다.

바위에 이름이 없었고, 민간에서는 '귀먹바위耳塞巖'라 한다. 그 앞에 큰 강이 있고 위쪽에 급한 여울이 있는데, 여울의 물소리가 대단해 사람들의 말소리를 듣지 못하게 해 버린다. '이색耳塞'이라는 이름도 여기에서 비롯되었을 것이다. 은둔해 세상 소식을 듣지 않는 사람의 거처로는 참으로 적당한 곳이라서, 이 바위를 '농암聾巖'이라 하고, 늙은이의 호로 삼았다.

명절 때마다 반드시 양친을 모시고 동생들과 더불어 색동옷을 입고 술잔을 올려 기쁘게 해 드리기를 이 집에서 했다. 그러나 어버이의 연세가 더욱 많아지니

한편으로 기쁘면서 한편으로 슬픈 마음[喜懼之情]이 들지 않을 수 없어 집의 편액을 '애일愛日'이라 했다."

애일당을 중수하고 이 기문을 지을 당시에는 농암의 부모가 세상을 떠난 뒤였다. 그래서 어떤 이가 당을 중수해 자손에게 물려주는 것은 자손이 놀고 즐기는 데 빠지게 할 우려가 있지 않겠는가 하는 점을 지적했다.

그러자 농암은 "당의 편액을 애일이라 한 것은 일신의 즐거움을 위함이 아니고, 어버이를 봉양할 날이 부족하다는 뜻이 들어 있는 것이다. 늙은이의 자손 역시 이 마루에 올라 이름을 돌아보고 그 뜻을 생각하여 어버이를 가까이하면서 오직 효성만을 본받도록 하고자 하려는 것이다. 그리고 여가가 있으면 조용히 가슴을 열고 수양하는 장소로 삼고자 함이다. 그러면 애일당이 우리 가문에 대대로 지켜져야 하는 규범이 될 것이니, 이것이 어찌 자손들에게 누가 될 것인가."고 답했다.「애일당중신기」에 있는 내용이다.

농암은 여기서 아버지를 포함한 아홉 노인을 모시고 어린아이처럼 색동옷을 입고 춤을 추었다. 농암은 이미 이때 70세가 넘은 노인으로, 중국의 전설적인 효자 노래자老萊子의 효도를 그대로 실행했던 것이다. 이를 '애일당구로회愛日堂九老會'라 한다. 이후 선조가 농암 가문에 '적선積善'이라는 대자大字 글씨를 하사하는 계기가 되었다. 애일당구로회는 그 후 농암 종택에 400여 년을 이어 오는 아름다운 전통이 되었다.

애일당은 농암의 나이 46세 때 안동 도산면 분강汾江 기슭 농암聾巖 위에다 처음 지었으나, 세월이 흘러 당이 무너지자 1548년 농암의 아들이 개축했다. 현재의 건물은 조선 후기에 다시 지은 것이다. 이 애일당은 안동댐 건설로 경상북도 안동시 도산면 분천리에 이건되었다가, 현재는 안동시 도산면 가송리(올미재) 농암 종택으로 자리로 옮겼다.


## '중국 제2명필'이 썼다는 편액 글씨

'애일당' 편액 글씨와 관련해 일화가 전한다.

농암은 제자를 중국에 보내 중국 최고 명필의 글씨를 받아 오게 했다. 제자는 몇 달 만에 중국에 도착했고, 다시 그 명필을 찾아 한 달을 헤매었다. 드디어 깊은 산중에 있는 명필을 수소문해 찾아 '애일당' 글씨를 청했다. 그 사람은 뭐 보잘것없는 사람의 글씨를 받으려고 그 먼 곳에서 여기까지 왔느냐면서, 산에서 꺾어온 칡 줄기를 아무렇게나 쥐고 듬뿍 먹을 찍더니 단숨에 '애일당' 석 자를 써서 내주었다. 하지만 농암의 제자는 명필의 글씨를 알아보지 못했다. 좋은 붓으로 정성스레 글씨를 써줄 것을 기대했던 제자는 내심 마음에 차지 않았다. 그래서 다시 써 줄 수 없느냐고 조심스레 물었다. 그 명필은 "이 글씨가 마음에 안 드시오?" 하더니 종이를 가볍게 두세 번 흔들었다. 그러자 세 글자가 꿈틀거리더니 세 마리의 하얀 학이 되어 날아가 버렸다. 그때서야 제자는 자신이 잘못한 줄 알고 다시 써 줄 것을 빌었다. 그러나 명필은 끝내 써주지 않고, 아래로 내려가면 자신보다 더 잘 쓰는 사람이 있으니 그 사람을 찾아가 보라 했다. 제자는 할 수 없이 그가 말한 대로 산 아래에 있는 명필을 찾아갔다.

찾아가서 자초지종을 이야기하니 "그분이 저의 스승으로 남에게 글씨를 주지 않는 분인데, 특별히 조선국에서 왔다 하여 써 준 것 같다."며 아쉬워했다. 그리고 자신의 글씨는 스승의 반도 따라가지 못하지만, 학 한 마리는 정도는 날려 보낼 수 있다고 말하면서 글씨를 써 주었다.

우여곡절 끝에 글씨를 받아 돌아온 제자는 농암을 볼 낯이 없어, 아무에게도 이야기를 안 해 주다가 그가 세상을 뜨면서 고백해 알려졌다고 한다.

힘 있는 해서체인 '애일당' 편액 원본은 현재 한국국학진흥원에 보관돼 있다.

농암이라 불리는 절벽 위에 세워진 애일당은 안동댐 건설로 1975년 도산면 분천리로 옮겨졌다가, 2005년에 다시 현재의 위치로 이건됐다.

'애일당' 편액.
중국 명필을 찾아가 받아온 글씨라는 이야기가 전한다.
(한국국학진흥원 소장)

# 명필 신잠의 글씨 편액 '긍구당'

　농암 종택의 별당인 긍구당肯構堂은 농암의 고조부가 고려 말에 처음 지었고, 농암이 중수한 뒤 '긍구당'이란 편액을 단 건물이다. '긍구'는 '조상의 유업遺業을 길이 이어 간다.'는 의미다. 농암은 이곳에서 태어나고 이곳에서 별세했다.

　전서로 된 편액 글씨는 당대 명필인 영천자靈川子 신잠(1491~1554)이 썼다. 신잠은 시·서·화詩書畵 모두에 능해 '삼절三絶'로 불리던 인물로, 특히 묵죽과 포도 그림에 뛰어났다. 1519년 과거 급제 후 예문관 검열檢閱(사초 꾸미는 일을 맡아보던 정9품 벼슬)이 되었으나 그 해에 기묘사화로 파직되었다. 그 후 20여 년간 양주 아차산 아래에 은거하며 서화에만 몰두했다. 말년에 상주 목사로 선정을 베풀다 사망했다.

농암 종택 별당인 긍구당은 농암이 태어나고 별세한 건물로, '긍구'는 '조상의 유업을 길이 이어 간다.'는 의미다.

'긍구당' 편액.
글씨는 조선 전기 명필 신잠이 썼다.
(한국국학진흥원 소장)

'긍구당' 편액 원본도 한국국학진흥원에 소장돼 있고, 건물에는 복제본이 걸려 있다.

1551년 7월 29일 85회 생일을 맞이한 농암은 긍구당에서 자제들과 사돈인 탁청정 김유, 족질인 퇴계 이황, 손서인 금계 황준량 등으로부터 잔칫상을 받고 그 회포를 국문 시조 〈생일가生日歌〉 한 수로 표현했다. "공명이 끝이 있을까, 목숨은 하늘에 달린 것. / 금서 띠金犀帶 굽은 허리 여든 넘어 봄 맞음 그 몇 해이던가. / 해마다 오는 날 이 또한 임금의 은혜일세."

농암은 은퇴 이후 주로 긍구당에서 생활했다. 거처는 비록 협소했으나 좌우로 그림과 서책이 차 있으며 마루 끝에는 화분이 나란히 놓여 있었다. 그리고 담 아래는 화초와 대나무가 심어져 있었고, 마당의 모래는 눈처럼 깨끗하여 그 쇄락灑落함이 마치 신선의 집 같았다고 한다.

안동댐 건설로 인하여 농암의 모든 유적이 사방으로 분산되었는데, 도산면 분천리에 있던 긍구당은 안동시 도산면 운곡리 분강서원 앞에 이건되었다. 그러다 2003년 도산면 가송리(올미재)에 농암 종택의 정침正寢과 사랑채가 복원될 때, 다시 옮겨지게 되었다.

조선 시대 울릉도를 조사하고 관리하던 수토사들이 울릉도로 가기 위해 순풍을 기다리던 곳인 '대풍헌(待風軒)'.

# 경북 울진
# 대풍헌

　동해안에는 울릉도와 독도를 조사하고 관리하기 위해 배를 타고 떠나야 했던 조선 시대 관리들이 순풍을 기다리며 머물던 장소가 있다. 울진군 기성면 구산리에 있는 대풍헌待風軒이다.

　작은 포구인 구산리 마을 중심부에 자리하고 있는 대풍헌은 정면 네 칸의 일자형 팔작 건물이다. 이 대풍헌은 1851년에 중수했다는 기록으로 보아 그 이전에 건립된 것임을 알 수 있으며, 현재의 이 건물은 2010년에 해체, 복원된 것이다.

　마을 주민들이 모여 마을 일을 논의하고 행사를 하던 장소인이 작은 건물이, 조선 시대에는 울릉도와 독도를 순찰하며 해적이나 왜적을 수색해 토벌하던 수토사搜討使들이 바람을 기다리던 숙소 겸 관청이었던 것이다. 마을 한가운데 있는 이 작은 한옥이 이처럼 역사적으로 중요한 장소였다는 사실이 확인된 것은 최근의 일이다. 2005년 대풍헌에서 조선 시대 문서 「수토절목搜討節目」과 「완문完文」이 발견되면서 그 사실이 드러난 것이다. 완문은 조선 시대 관청에서 백성에게 어떤 사실을 알리거나 특전을 부여할 때 그 내용을 적어 발급하는 문서다.


## 울릉도를 관리하는 수토사들이
## 순풍을 기다리던 '대풍헌'


조선 시대 조정에서는 울릉도를 조사하고 수토搜討(수색하여 토벌함)하기 위해 관리를 파견했는데, 이를 수토사搜討使 또는 수토관搜討官이라 했다. 수토사로는 월송포 만호萬戶(각 도의 여러 진鎭에 배치한 종4품의 무관 벼슬)와 삼척포 진영鎭營의 수장인 영장營將이 번갈아 파견됐다. 18세기에는 2년에 한 번씩 수토사가 파견되기도 했으나, 19세기에는 대풍헌 「수토절목」에 따르면 3년에 한 번씩 파견된 것으로 되어 있다.

당시 수토사와 그 일행들은 울릉도로 가기 위해 이 대풍헌에서 순항이 가능한, 순풍이 부는 날을 기다렸던 것이다. 대풍헌의 '대풍待風'은 이처럼 '순풍을 기다린다.'는 의미를 지니고 있다.

이곳을 '대풍소待風所' 또는 '수토소搜討所'라고 지칭한 기록도 있다. 「구산동사邱山洞舍 중수기」에 의하면 1851년에 중수하고 '대풍헌'이라는 현판을 단 것으로 되어 있다. 현재 전하고 있는 '대풍헌' 현판도 이때 만들어 건 것으로 보고 있다.

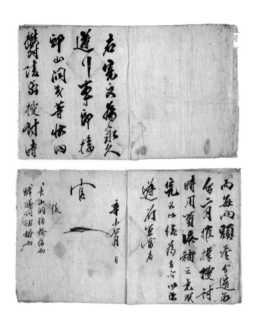

수토사 일행의 경비 조달에 관한 내용이 기록돼 있는 대풍헌 「완문(完文)」.

　　1883년에 작성된 「수토절목」은 "삼척 진영 사또와 월송 만호가 3년에 한 번씩 울릉도를 공무로 방문할 때 구산진(구산리)에서 출발하고 돌아오는데, 바람의 형편에 따라 대풍헌에서 머무는 기간이 길어지기도 하여 월송 만호에서 구산진 등 아홉 개 촌락에 돈을 풀어 거기서 발생한 이식利殖으로 그 기간 동안의 경비를 조달하게 했다."고 기록하고 있다.

　　1871년의 「완문」은 삼척 진영 사또와 월송 만호의 울릉도 수토 공무를 위해 필요한 비용 마련 등에 대한 내용을 담고 있다. 당시 울릉도와 독도는 울진군의 관할에 있었고, 수토사들이 임무를 수행하기 위해 울릉도로 향하던 출발지가 구산리였음을 알 수 있다.

# 수토사 일행의 규모는?

2~3년에 한 번씩 울릉도를 시찰하던 수토사 일행의 인원수 등은 어느 정도였을까? 1794년 실록 내용에 따르면, 월송 만호 한창국이 수토사가 되어 울릉도로 출발할 때 배가 네 척이고, 배에 탔던 일행은 총 여든 명이라고 했다. 상당한 규모였음을 알 수 있다.

일행으로 원역員役(벼슬아치 밑에서 일을 보던 사람), 격군格軍(사공의 일을 돕던 수부), 왜학인倭學人(일본어 학자), 채삼군採蔘軍(채굴업자) 등이 포함돼 있었다. 다양한 인력들로 구성된 그들 일행이 울릉도에 머문 기간은 열흘 정도였다. 열흘 동안 그들은 산과 계곡, 폭포, 논밭 등 전반적인 지형의 조사와 더불어 나무, 풀, 물고기, 곤충, 짐승 등 생태조사도 병행했다. 인가에 대한 조사, 인삼 등 진상품 채취도 이뤄졌다.

울릉도에서 열흘 정도 체류하던 수토사 일행은 출발을 위해 대풍헌에서 얼마나 머물렀을까? 대풍헌 「수토절목」에 따르면, 수토사 일행들은 보통 8~9일 동안 머물렀다. 기상 악화로 순풍이 불지 않을 때는 열흘 이상 체류했다. 대풍헌에서 머무는 동안 그들이 소비한 비용은 이틀 동안 대략 백 냥이었다고 기록하고 있다. 여드레 이상 머물렀으니 그 체류비는 적지 않은 금액이었던 모양이다.

# 수토사 일행 체류비 조달

이 체류비는 어떻게 마련되었을까? 평해군 수령 심능무와 이윤흡의 '영세불망지판永世不忘之板'에 따르면, 체류비는 울진의 아홉 마을 사람들이 부담해 마련하다가 어느 때부터인가 대풍헌이 있는 구산마을이 단독으로 부담하게 되었다. 구산마을 사람들의 부담이 더욱 커질 수밖에 없었다.

주민들의 불만과 청원이 끊이지 않자 1866년 평해군 수령 심능무가 그 형편을 알고는, 수령의 봉급 일흔 냥을 보태 마을 사람들의 부담을 덜어 주었다. 다음 수령인 이윤흡은 부임한 후 1868년, 관아 비용 마련에 사용되던 토지 열다섯 결을 내어주어 그 생산량을 수토사 체류비에 사용할 수 있도록 도와주었다. 이 토지에서 생산되는 것이 대략 서른 냥이었다고 하니, 3년에 아흔 냥 정도 생산되었다고 볼 수 있다. 이들의 덕을 기리기 위해 1870년 영세불망지판을 만들어 대풍헌에 걸게 되었다.

또한 「수토절목」을 보면, 포구에 정박하는 상선에 세금을 부과해 거두고, 그 세금을 구산동에서 관리해 수토 비용으로 사용했다. 두 수령의 보조금과 경작지 생산물, 상선세를 토대로 수토사 체류비를 마련했던 것이다.

추가로 소요되는 비용은 구산동에서 마련한 백스무 냥을 아홉 개 마을에 나누어 이식利殖하게 했다. 원금은 보존하면서 그 이자를 평해군 관아로 보내 관리하게 한 것이다. 대풍헌 완문은 이와 같은 추가 비용에 대한 관아와 마을 간의 약속을 기록한 것이다. 1871년 평해 군수가 이 완문을 발급했다. 아래는 「완문」

의 내용이다.

"이 완문은 영구히 준수할 일이다. 방금 구산동 백성들이 올린 등장等狀을 보니 울릉도를 수토할 때 진영의 사또와 월송 만호의 행차에 드는 잡비를 봉행하는 등에 관한 절목에 대한 내용으로, 전에는 해안가 아홉 개 동에서 힘을 합쳐 수호隨護했지만, 근세에 구산동邱山洞에서 유독 이 일을 전담함으로써 피해가 편중되고 단독으로 고생하는데도 하나도 해결되는 게 없었다고 한다. 따라서 동에서 가까스로 돈 백스무 냥을 모아, 수토할 때 만에 하나 첨가되거나 보충해야 할 자원이 필요할 경우 각 동에 나누어 주어 원금은 남겨 두고 이자만 취하게 하되 매년 2월에 추봉推捧한다 했다.

내가 부임한 이후 여러 군영의 폐단을 살펴보니, 너의 동(구산동)이 수토 시에 지탱하기 어렵다는 정황을 이미 자세히 알게 되었다. 이제 이 돈 백스무 냥을 각 동에 포식布殖하겠지만, 백성의 재물을 함부로 허비하지 않는 은혜를 갖춰야 하므로 향청鄕廳과 작청作廳에서 이 돈을 정확하게 각 동에 분배하고, 한 냥 당 서 푼 변리邊利로 매년 2월에 추봉推捧해 수토시 추가되는 비용으로 쓰라는 뜻으로 완문을 작성해 발급하는 것이니, 이를 준수하는 것이 마땅한 일이다. 신미 7월 일."

여기에다 구산동을 비롯해 인근 마을인 표산동, 봉수동, 어현동, 직고동, 구암동, 포차동, 야음동 등 원금을 나누어 관리하던 아홉 마을의 이름과 함께 마을별로 할당된 금액도 적고 있다. 구산동이 서른 냥으로 가장 많다.

울릉도 수토사들에게 소요되는 경비 중 추가 비용을 어떻게 조달했는지에 대한 역사적 사실을 확인할 수 있는 중요한 자료라 하겠다.

## 경북 유형문화재로 지정된 현판들

대풍헌에 걸려 있던 현판 열두 점은 2012년 5월 경상북도 유형문화재 제441호로 일괄 지정됐다. 대풍헌에 걸려 있던 현판 가운데 1910년 이전에 만들어진 열두 점이다.

그 목록은 '기성구산동사箕城龜山洞舍' 한 점(1851년), '대풍헌待風軒' 한 점(1851년), '구산동사중수기邱山洞舍重修記' 한 점(1851년), '영세불망지판永世不忘之板' 여섯 점(1870~1878), '구산동사기邱山洞舍記' 한 점(1888년), '동계완문洞楔完文' 한 점(1904), '중수기重修記' 한 점(1906)이다.

이 유물들은 조선이 19세기에도 지속하여 울릉도와 독도를 실질적으로 지배, 관리하고 있었다는 사실을 알 수 있게 해 주는 중요한 자료이다. 특히 울릉도와 독도의 수토와 관련된 사료를 찾기 어려운 현 상황에서 이 현판들이 갖는 자료적인 가치와 독도 문제의 중요성 등을 감안해 유형문화재로 지정한 것이다.

대풍헌에 걸린 현판 '대풍헌(待風軒)'.

중국 최대 목조건물인 자금성 태화전. 태화전을 비롯해 자금성 주요 전각의 외부 현판 글씨는 대부분 청나라 강희제가 썼다고 한다.

# 중국 자금성
## 건극수유

조카를 제치고 황위를 차지한 명나라 영락제. 우리나라로 치면 조선 세조와 비견될 수 있는 인물이다. 정권이 안정될 때까지 많은 사람이 피를 흘렸다.

자금성은 영락제의 작품이다. 영락제가 즉위한 지 4년이 지난 1406년부터 자금성 건설의 대역사大役事가 시작되었다. 만리장성 이후 최대의 역사로 불리는 자금성의 건설에는 총 15년간 100만 명의 인원이 동원되었다. 현존하는 세계 최대의 궁궐중 하나인 자금성은 정전인 태화전太和殿을 중심으로 수많은 건물이 남북으로 길게 배치되어 있다. 남문인 정문의 이름이 천안문天安門이다. 물론 현재 건물 중에는 창건 후 화재 등으로 멸실됐다가 새로 지은 것들도 있다. 중국 최대 목조건물인 현재의 태화전도 청나라 순치제 때(1695년) 새로 지은 것이다.

영락제는 자금성이 완성된 1421년 북평北平으로 천도해 '북경北京'으로 지명을 고치고, 자금성에 머물기 시작했다. 북경은 남경南京에서 옮겨온 새로운 북쪽의 수도라는 의미다.

자금성이란 이름은 중국의 황제, 즉 천자가 사는 궁궐로 누구도 접근할 수 없는 성이라는 의미다. 하늘(우주)의 중심이 북극성이 있는 자미궁紫微宮이고, 땅의 중심은 바로 천자가 기거하는 자금성이 되는 것이다.

800여 개의 건물과 10미터의 높은 성벽, 50미터 너비의 거대한 해자로 구성된 자금성(둘레는 3천400여 미터)에는 1억 개의 벽돌, 2억 개의 기왓장이 사용되었다고 한다. 때로는 200톤이 넘는 돌이 수십 킬로미터 떨어진 채석장에서 운반되었으며, 쓰촨 지방에서 자란 나무가 기둥으로 쓰이기 위해 4년에 걸쳐 운반되기도 했다.

이런 자금성(고궁박물원으로도 불림)에 걸린 현판 글씨는 누가 쓴 것일까? 대부분 황제들이 썼다. 건물 처마 아래 걸린 편액은 청나라 강희제가 쓴 것이 많고, 안에 걸린 것은 강희제의 손자인 건륭제가 쓴 것이 많다.

## 궁궐 편액 대부분은 강희제와 건륭제의 글씨

태화전 '건극수유' 현판. 청나라 건륭제의 글씨다.

태화전을 비롯해 중화전中和殿과 보화전保和殿은 황제의 공식적 집무 공간으로, 자금성의 중심 건물이다. '삼대전三大殿'으로도 불린다. 이 삼대전의 이름은 청나라 때 붙인 것으로, 그 편액 이름에 화목할 '화和'자를 넣어 통치 철학을 담고 있다. 또한, 전각 안에도 각기 국정 이념을 담은 편액을 하나씩 걸어 놓고 있다.

태화전에 걸린 편액은 '건극수유建極綏猷'다. 황제는 법도를 세우고 백성이 이를 편안히 여기게 해야 한다는 의미다. 이 말은 보화전에 걸린 '황건유극皇建有極'과 『서경書經』 「탕고湯誥」편에 나오는 '극수궐유克綏厥猷'를 합해서 만든 용어로 보인다. '극수궐유'가 나오는 대목은 "위대한 상제上帝가 아래 백성들에게 치우침 없는 덕을 내려 주어 그 떳떳한 성품을 따르게 했다. 그러니 그 길을 따르도록 안정되게 이끌어야만 임금의 자격이 있다고 할 것이다.[惟皇上帝 降衷于下民 若有恒性 克綏厥猷 惟后]"이다.

중화전에는 '윤집궐중允執厥中'이 걸려 있다. 진실로 중심을 잡으라는 의미이고, 『서경』에 나오는 용어다. 『중용』에도 나온다. 요임금이 순임금에게 왕위를 물려줄 때 한 말 "하늘이 내린 차례가 그대에게 있으니, 진실로 그 중심을 잡도록 하라."에서 유래한다. 훗날 순임금이 우임금에게 왕위를 물려줄 때는, 이 윤집궐중 앞에 말을 더 보태 다음과 같이 당부했다. "사람의 마음(욕정에서 나온 마음)은 위태롭기만 하고, 도를 지키려는 마음(의리에서 나온 마음)은 극히 미미한 것이니, 정신 차리고 오직 하나로 모아 진실로 중정中正을 잡아야 한다[人心惟危 道心惟微 惟精惟一 允執厥中]."

보화전에는 '황건유극'이 걸려 있다. 황제가 천하의 최고 준칙을 세운다는 뜻이다. 오직 황제라야 법도나 표준을 정할 수 있다는 것이다.

이 보화전의 뒤편에는 용이 여의주를 쫓아 구름 사이로 승천하는 모양을 정교하게 새긴 길이 16.57미터·폭 3.7미터·무게 250톤의 거대한 대리석 조각이 있

강희제 글씨 '중화전' 편액

다. 이 바위는 50킬로미터 밖의 채석장에서 캐온 것으로, 한거울에 도랑을 파고 물을 부어 얼린 다음 수많은 인부와 말을 동원해 옮겼다고 한다.

이 삼대전 안에 있는 편액 글씨는 청나라 건륭제가 썼다. 세 편액 모두 중간 윗부분에 '건륭어필乾隆御筆'이라는 작은 글씨와 낙관이 새겨져 있다.

건물 처마에 걸린 전각 이름 편액은 대부분 강희제의 글씨라고 한다. 강희제 (1654~1722, 재위기간 1661~1722)는 '천고일제千古一帝(천 년에 한 번 나올 만한 황제)' 또는 '강희대제康熙大帝'로 칭송받는 중국의 대표적 명군名君이다. 그는 중국 역대 황제 중 재위 기간이 가장 긴 인물이기도 하다. 동기창 글씨를 좋아한 그는 글씨도 잘 써 '소림사少林寺', '운림선사雲林禪寺' 등 곳곳에 편액 글씨를 남기기도 했다.

'윤집궐중'(중화전), '황건유극'(보화전). 모두 건륭제 글씨다.

# 중국 주요 문화 유적의 현판 글씨 주인공은

　중국 주요 문화 유적을 관광하면서, 현판 글씨에 관심을 두고 보면 몇 사람의 글씨를 중국 전역 곳곳에서 만나게 됨을 확인할 수 있다. 그 대표적 주인공으로 자금성의 '고궁박물원故宮博物院'을 쓴 궈모뤄郭沫若(1892~1978)를 비롯해 자오푸추趙樸初(1907~2000), 장쩌민江澤民(1926~)을 들 수 있다. 장쩌민은 중국 주석을 지낸 바로 그 장쩌민이다. 이들은 서예 실력과 사회적 명성을 바탕으로 곳곳의 유명 문화 유적지에 편액을 남긴 것 같다.

궈모뤄 글씨 편액들
'고궁박물원', '심양고궁', '화청궁'.

'고궁박물원'은 자금성의 북쪽문인 신무문神武門에 자리하고 있다. 유려하면서도 힘이 느껴지는 글씨다. 그의 글씨 편액은 시안西安 화청궁의 '화청궁華淸宮' 편액, 선양沈陽의 '심양고궁沈陽故宮' 편액, 돈황敦煌 막고굴 제2관문에 걸린 '막고굴莫高屈' 등 곳곳에서 만날 수 있다.

궈모러는 근대 중국의 최고 지식인으로 시인, 역사학자, 고문자학자, 고고학자, 극작가 등으로 활동했다. 대표적 저술은 『중국 고대사회 연구』. 국민혁명군의 북벌北伐에 정치부 비서처장으로서 참가했으며, 전국인민대표대회 상무위원회 부위원장, 중국과학원 원장 등의 요직에서 활동하기도 했다. 주로 갑골문과 금석문을 연구한 그는 금석학에 대한 조예를 서법으로 발휘한 대표적 서예가이기도 하다.

그의 글씨에 대한 평은 대체로 침착, 통쾌하고 맑고 유창流暢하며, 고법古法을 통해 근본을 이룬 뒤 창신創新한 흔적이 많다는 것이다. 대소大小와 강유强柔의 적절한 조합, 기정奇正, 허실虛實, 신축伸縮, 소밀疎密 등 서법의 여러 가지 기본 요소를 충실히 보여주고 있다.

자오푸추는 오랫동안 중국불교협회장을 지내면서 불교 중흥을 위해 노력한 불교학자이자 서예가이며, 또한 정치가였다. 문화혁명 이후 사실상 금지된 불교 신앙생활을 할 수 있도록 하는데 중추적 역할을 했다. 문화혁명 시절에는 전국 주요 사찰과 불교 유적이 파괴되는 것을 막고자 본인의 친필 휘호를 보내 걸도록 하기도 했다.

자오푸추 글씨 편액들 '백림선사', '엄자릉조대'.

편액 글씨에 뛰어났던 그의 작품은 특히 전국 사찰에 많이 남아 있다. 산시 성 시안 화청궁의 '비상전飛霜殿', 허베이 성 스좌장 시石家莊市의 '백림선사柏林禪寺', 저장 성浙江省 항저우 시杭州市 푸춘 강富春江 가의 '엄자릉조대嚴子陵釣臺', 항저우 영은사의 '약사전藥師殿', 랴오닝 성 톈산天山 대불사大佛寺의 '미륵보전彌勒寶殿' 등 이다.

장쩌민은 현판 글씨 쓰기를 좋아했던 것 같다. 전국 유명 관광·유적지의 표석, 현판, 바위 에 남긴 그의 필적이 적지 않다. 마오쩌둥毛澤東은 기개가 있고 활달한 필치로 뛰어난 경지를 보여 명필로 인정받았는데도 불구하고, 그의 글씨 현판은 거의 눈에 띄지 않았다. 이들과 함께 현대의 대표적 서법가로 청나라 황족 후예인 치공啓功(1912~2005)과 류빙썬劉炳森 등의 글씨 현판도 북경 거리 등 곳곳에서 만날 수 있다.

# 서체의 종류와 변천사

한자 서예는 오랜 역사를 통해 변천 발전해 오면서 다양한 서체를 탄생시켰다. 서체 변천 과정을 통해 서체의 종류와 그 서체의 특징 등을 간단히 살펴본다.

## 전서(대전, 소전)

고문으로 은나라(상나라) 때의 갑골문, 주나라 때 동기銅器에 새겨진 종정문鐘鼎文, 북 같은 돌에 새겨진 석고문石鼓文 등이 있다. 동물 뼈에 새겨진 갑골문은 거의 칼로 새긴 것이어서 그 선이 직선적인 것이 특징이다.

석고문은 대전大篆의 대표격이라 할 만한 것으로 자체字體가 매우 정제整齊하다. 갑골문과 종정문, 석고문 등을 총칭해 대전이라고도 한다.

대전을 토대로 정비한 소전小篆은 진나라 때 문자 통일의 결과로 생겨난 글씨체다. 진전秦篆이라고도 하는데, 진시황이 천하를 통일한 뒤 승상 이사李斯에게 명해 만들게 한 것이다. '마치 철이나 돌과 같고, 또한 날아 움직이는 것 같다.' 는 평이 전하고 있는 소전의 필획은 대전보다 부드럽고 정제돼 있다.

이사가 썼다는 「태산각석泰山刻石」이 전하고 있는 소전의 대표작이다. 이 소전은 철선적鐵線的인 획으로 좌우대칭이 엄격하게 구성되어 있는데, 대전에 비해 생동감이 덜한 느낌이 있으나 기하학적 결구가 독특한 특징을 이루는 서체다. 진나라 시대의 전서는 한나라에 들어와서는 점차 장식적 요소와 함께 우아한 형태로 변화한다.

## 예서

예서隸書는 전서에 이어 생겨난 서체로, 전서가 너무 복잡해 이를 쉽고 간편하게 고친 것이라 할 수 있다.

이 예서는 진나라 때 정막程邈이라는 사람이 만들었다 한다. 옥리獄吏로 있던 정막이 진시황에게 죄를 얻어서 감옥에 갇혀 있는 10년 동안 연구해 대전과 소전에 방정하고 둥근 것을 더해 삼천 자를 만들어 진시황에게 아뢰었다. 진시황이 그것을 좋게 생각해 그를 어사御史로 등용하고 황제에게 보고하는 글씨로 이 예서를 사용하게 했다. 노예가 글씨 쓰는 일을 돕는다고 해서 예서라 부르게 되었다 한다. 이 정막의 예서는 진예秦隸라 하고, 더 발전한 한나라 때 예서를 한예漢隸라고 한다.

예서의 특징은 '모름지기 굳세고 고졸하며, 쇠를 자를 만큼 기세가 강해 돌을 끊듯 해야 비로소 한예라 할 수 있다.'는 말을 통해 엿볼 수 있다. 예서는 용필과 구성의 변화가 풍부해 글씨 모양은 물론 용필도 완전히 전서의 자취를 벗어나 각별한 멋과 자태를 가진 서체를 보여주고 있다.

## 해서

해서楷書는 예서에서 비롯된 글씨체로, 초서와 예서의 변천 과정에서 탄생했다. 초서가 표준이 없이 난무하는 것을 바로잡고자 한예의 파책(가로획을 쓸 때 붓을 누르면서 쓰다가 오른쪽 위로 튕기면서 붓을 떼는 방법)을 바로잡고 예서의 평평하고 곧은 획을 방정하게 변형시켜 만들었는데, 가히 모범이 될 만하다 하여 해서라는 이름이 붙여졌다.

이 해서는 한말漢末에 시작돼 위진남북조시대에 성행했으며, 당나라에 들어와 점점 자리를 잡게 되어 지금까지 널리 통용되고 있다.

해서의 기원은 위나라 사람 종요(133~230)가 쓴 「선시표宣示表」가 효시로 알려져 있다. 그러나 본격적인 해서는 3세기 중엽을 지나면서 정리가 되고, 이후 5세기 중엽에 이르는 동안 완성된 것으로 보고 있다.

해서는 북위 시대의 비석에 주로 쓰이며 유행하던 위비魏碑와 당나라의 당비唐碑로 구분된다. 위비의 행필은 신속하고, 점획은 날카롭다. 획의 안쪽은 둥글고 바깥쪽은 모나 있다. 짜임새는 성김과 빽빽함이 조화를 이룬다.

당비는 왕희지王羲之 등의 서풍을 흡수해 새로운 돌파구를 창출한 글씨체다. 조용한 가운데 험악함을 구하기도 하고, 온화함 속에 천진하고 후박함을 추구하기도 한다.

## 행서

행서行書는 가장 실용적이 글씨체로, 초서가 너무 간략한 탓으로 알아보기가 어려운 점을 보완하기 위해 예서의 형태에 근접시켜 놓은 것이라 할 수 있다. '간편하고 쉬운 것을 쫓아 글씨가 서로 간에 이어지며 흘러가기 때문'에 행서라 했다 한다.

행서는 후한 시대의 유덕승劉德升이 만들었고, 그 후 위나라의 종요에게 전수되고 왕희지 · 왕헌지 부자에 이르러 완성되었다.

명칭과 관련, 종요의 삼체三體 중 하나인 행압서行押書가 후대에 전수되어 행서의 전형이 되었으므로, 행압서를 줄여 행서로 부르게 되었다는 설도 있다.

행서가 하나의 서체로 본격적인 자리매김을 했던 시기는 동진東晉 시대로, 왕희지 덕분이었다. 그의 「난정서蘭亭序」, 「집자성교서集字聖敎書」는 그의 대표적 행서 작품이다.

행서가 해서와 해서의 중간에 위치하면서 신축성이 크고 변화가 많은 것은 해서와 초서의 운필법을 다 사용하기 때문이다. 그래서 점과 획은 서로 호응하고, 붓은 멈췄으나 기운은 연결되어 있다.

## 초서

초서草書는 예서를 사용하던 한나라 초기에 이미 시작된 것으로 보고 있다. 그 변천 과정에 따라 장초章草, 금초今草, 광초狂草로 나눠진다.

장초는 예서를 간략하고 빠르게 쓴 것으로, 한나라 때 사유史遊가 창안했다고 전한다. '장초'라는 이름은 후세 사람들이 그가 쓴 「급취장急就章」에서 따와 붙였다 한다. 예초隸草라고도 하는데, 예서 필획의 특징인 파책이 남아있으며, 글자가 서로 이어지지 않는다.

금초는 오늘날 널리 사용되는 초서로, 후한의 장지張芝가 장초에서 파책을 없애고 글자 상하의 맥을 이어 창안했다고 한다. 이후 동진시대의 왕희지·왕헌지 부자에 의해 극치를 이루어 후대의 표준이 되었다.

광초는 장욱에게서 비롯됐다. 위진 시대 이래 왕희지의 전통적 초서 필법에서 벗어나 술이나 자연을 통해 얻게 되는 정서와 영감을 토대로 광사狂肆하게, 즉 미친듯이 방종한 태도로 썼다는 뜻에서 붙여진 이름이다. 광초의 대표적 작품으로는 장욱의 「자언첩自言帖」과 회소의 「자서첩自敍帖」을 꼽는다.

초서는 필사의 속도, 자형의 크기, 점획의 모양, 짜임의 소밀 등의 변화가 오체 중 가장 심하고 다양해 작가의 개성이 잘 드러난다.

# 현판기행

## 고개를 들면 역사가 보인다

| 초판 1쇄 발행_ 2014년 7월 30일
| 초판 3쇄 발행_ 2024년 1월 30일

| 글 · 사진_ 김봉규
| 펴낸이_ 오세룡
| 편집_ 손미숙 박성화 윤예지 여수령 허승 정연주
| 기획_ 곽은영 최윤정
| 디자인_ 고혜정 김효선 최지혜
| 홍보 마케팅_ 정성진
| 펴낸곳_ 담앤북스
　　　　　서울특별시 종로구 새문안로3길 23 경희궁의 아침 4단지 805호
　　　　　대표전화 02)765-1251 전송 02)764-1251 전자우편 dhamenbooks@naver.com
　　　　　출판등록 제300-2011-115호
| ISBN　978-89-98946-31-9　(03910)

이 도서의 국립중앙도서관 출판시도서목록(CIP)은 서지정보유통지원시스템 홈페이지(http://seoji.nl.go.kr)와 국가자료
공동목록시스템(http://www.nl.go.kr/kolisnet)에서 이용하실 수 있습니다. (CIP제어번호: CIP2014021472)

정가 16,000원